Smak Bez Soli

Kuchnia niskosodowa dla zdrowia i przyjemności

Anna Kowalska

Spis treści

Musztarda Zieloni Sauté 12

Mieszanka Bok Choy 13

Mieszanka zielonej fasoli i bakłażana 14

Mieszanka oliwek i karczochów 15

Dip Kurkuma Papryka 16

Rozprzestrzenianie Soczewicy 17

Prażone Orzechy Włoskie 18

Żurawinowe Kwadraty 19

Batony Kalafiora 20

Miski na migdały i nasiona 21

Czipsy 22

Dip z jarmużu 23

Chipsy Z Buraków 24

Dip z Cukinii 25

Mieszanka nasion i jabłek 26

Pasta z dyni 27

Pasta Szpinakowa 28

Salsa z oliwek i kolendry 29

Dip ze szczypiorku i buraków 30

Ogórkowa salsa 31

Dip z Ciecierzycy 32

Dip z oliwek 33

Kokosowy dip z cebuli 34

Dip z orzeszków piniowych i kokosa 35

Salsa z rukoli i ogórków 36

DIP serowy 37

Paprykowy Dip Jogurtowy 38

Salsa Kalafiorowa 39

Pasta z Krewetek 40

Salsa brzoskwiniowa 41

Chipsy Marchewkowe 42

Ukąszenia szparagów 43

Pieczone Figi Miski 44

Salsa Z Kapusty I Krewetek 45

Kawałki awokado 46

Dip cytrynowy 47

Dip ze słodkich ziemniaków 48

Salsa Z Fasoli 49

Salsa Z Zielonej Fasoli 50

Pasta Marchewkowa 51

Dip Pomidorowy 52

Miski z łososia 53

Salsa Z Pomidorów I Kukurydzy 54

Pieczone Pieczarki 55

Rozprzestrzenianie się Fasoli 56

Salsa z kopru włoskiego 57

Brukselka Gryzie 58

Balsamiczne Orzechy Włoskie 59

Chipsy Z Rzodkiewki 60

Sałatka Z Porów I Krewetek 61

Dip z porów 62

Sałatka Z Papryki 63

Pasta z awokado 64

DIP kukurydziany 65

Batony Fasolowe 66

Mieszanka pestek dyni i chipsów jabłkowych 67

Dip z pomidorów i jogurtu 68

Miski z buraków Cayenne 69

Miski z orzechami włoskimi i pekanami 70

Pietruszkowe Muffiny Łososiowe 71

Piłki do Squasha 72

Cheesy Pearl Cebulowe Miski 73

Batony brokułowe 74

Salsa Z Ananasa I Pomidorów 75

Mieszanka z indyka i karczochów 77

Mieszanka oregano z indyka 78

Pomarańczowy kurczak 79

Indyk Czosnkowy I Pieczarki 80

Patelnia Z Kurczakiem I Oliwkami 81

Balsamiczna mieszanka z indyka i brzoskwiń 83

Kokosowy Kurczak I Szpinak 84

Mieszanka Kurczaka I Szparagów 86

Indyk i Kremowe Brokuły 87

Mieszanka zielonej fasoli z kurczakiem i koperkiem 88

Kurczak i Chili Cukinia 89

Mieszanka z awokado i kurczakiem 91

Turcja i Bok Choy 92

Mieszanka Kurczaka Z Czerwoną Cebulą 93

Gorący indyk i ryż 94

Lemon Por i Kurczak 96

Indyk z mieszanką kapusty włoskiej 97

Kurczak Z Pieczarkami Paprykowymi 99

Sos Z Kurczaka I Musztardy 101

Mieszanka Kurczaka I Selera 102

Limonkowy Indyk Z Młodymi Ziemniakami 104

Kurczak Z Zieloną Musztardą 106

Pieczony Kurczak I Jabłka 108

Kurczak Chipotle 110

Indyk ziołowy 112

Sos Z Kurczaka I Imbiru 114

Kurczak i Kukurydza 115

Curry Turcja i Quinoa 116

Indyk i kminek pasternak 117

Ciecierzyca z indyka i kolendry 118

Indyk Z Fasolą I Oliwkami 120

Quinoa Z Kurczaka I Pomidorów 121

Ziele angielskie Skrzydełka Z Kurczaka 122

Kurczak I Śnieżny Groszek 123

Mieszanka krewetek i ananasa 124

Łosoś i Zielone Oliwki 125

Łosoś i koper włoski 126

Dorsz i Szparagi 127

Przyprawione Krewetki 128

Okoń morski i pomidory 129

Krewetki I Fasola 130

Mieszanka Krewetek I Chrzanu 131

Sałatka z krewetek i estragonu 132

Mieszanka dorsza z parmezanem 133

Mieszanka tilapii i czerwonej cebuli 134

Sałatka z Pstrąga 135

Pstrąg balsamiczny 136

Pietruszka Łosoś 137

Sałatka Z Pstrąga I Warzyw 138

szafranowy łosoś 139

Sałatka Z Krewetek I Arbuza 140

Sałatka Z Oregano Z Krewetkami I Quinoa 141

Sałatka krabowa 142

Przegrzebki balsamiczne 143

Kremowa Mieszanka Flądry 144

Pikantna mieszanka łososia i mango 145

Mieszanka Krewetek Koperkowych 146

Pasztet z Łososia 147

Krewetki Z Karczochami 148

Krewetki Z Sosem Cytrynowym 149

Mieszanka tuńczyka i pomarańczy 150

curry z łososia 151

Mieszanka łososia i marchwi 152

Mieszanka Krewetek I Orzechów Sosny 153

Chili Dorsz I Zielona Fasola 154

Czosnkowe Przegrzebki 156

Kremowa mieszanka okonia morskiego 157

Mieszanka okonia morskiego i grzybów 158

Zupa z Łososia 159

Krewetki Gałka Muszkatołowa 160

Mieszanka Krewetek I Jagód 161

Pieczony Pstrąg Cytrynowy 162

Szczypiorek Przegrzebki 163

Klopsiki z Tuńczyka 164

patelnia z łososiem 165

Mieszanka musztardowo-dorszowa 166

Mieszanka Krewetek I Szparagów 167

Dorsz I Groch 168

Miski z krewetkami i małżami 169

Przepisy na deser dietetyczny Dash 170

Krem miętowy 171

budyń malinowy 172

Batony Migdałowe 173

Mieszanka Pieczonych Brzoskwiń 174

Ciasto Orzechowe 175

Ciasto jabłkowe 176

Krem Cynamonowy 177

Kremowa Mieszanka Truskawek 178

Brownie z orzechami i wanilią 179

Ciasto Truskawkowe 180

budyń kakaowy 182

Krem waniliowy z gałką muszkatołową 183

Krem z awokado 184

Krem malinowy 185

Sałatka z arbuza 186

Mieszanka gruszek kokosowych 187
Kompot Jabłkowy 188
Morele Gulasz 189
Cytrynowa mieszanka kantalupa 190
Kremowy Krem Rabarbarowy 191
Miski Ananasowe 192
Gulasz Jagodowy 193
Budyń Limonkowy 194
Krem Brzoskwiniowy 195
Mieszanka Śliwek Cynamonowych 196
Jabłka Chia i Wanilia 197
Pudding z ryżu i gruszek 198
Gulasz Rabarbarowy 199
Krem rabarbarowy 200
Sałatka Jagodowa 201
Daktyle i Krem Bananowy 202
Muffiny śliwkowe 203
Miski ze śliwkami i rodzynkami 204
Batony z nasionami słonecznika 205
Miseczki z jeżynami i orzechami nerkowca 206
Miseczki z pomarańczy i mandarynek 207
Krem dyniowy 208
Mieszanka fig i rabarbaru 209
Pikantny Banan 210
Smoothie Kakaowe 211
Batony bananowe 212
Batony z zieloną herbatą i daktylami 213

krem orzechowy 214

ciasto cytrynowe 215

batoniki z rodzynkami 216

Kwadraty Nektarynek 217

Gulasz Winogronowy 218

Krem z mandarynek i śliwek 219

Krem wiśniowo-truskawkowy 220

Orzechy kardamonowe i pudding ryżowy 221

Chleb Gruszkowy 222

Pudding z ryżu i wiśni 223

Musztarda Zieloni Sauté

Czas przygotowania: 10 minut
Czas gotowania: 12 minut
Porcje: 4

Składniki:
- 6 filiżanek zielonej musztardy
- 2 łyżki oliwy z oliwek
- 2 dymki, posiekane
- ½ szklanki śmietanki kokosowej
- 2 łyżki słodkiej papryki
- Czarny pieprz do smaku

Wskazówki:
1. Rozgrzać patelnię z olejem na średnim ogniu, dodać cebulę, paprykę i czarny pieprz, wymieszać i smażyć przez 3 minuty.
2. Dodaj musztardę i pozostałe składniki, wymieszaj, gotuj jeszcze przez 9 minut, podziel na talerze i podawaj jako dodatek.

Odżywianie: kalorie 163, tłuszcz 14,8, błonnik 4,9, węglowodany 8,3, białko 3,6

Mieszanka Bok Choy

Czas przygotowania: 10 minut
Czas gotowania: 12 minut
Porcje: 4

Składniki:
- 1 łyżka oleju z awokado
- 1 łyżka octu balsamicznego
- 1 żółta cebula, posiekana
- 1 funt bok choy, rozdarty
- 1 łyżeczka kminku, mielonego
- 1 łyżka aminokwasów kokosowych
- ¼ szklanki bulionu warzywnego o niskiej zawartości sodu
- Czarny pieprz do smaku

Wskazówki:
1. Rozgrzać patelnię z olejem na średnim ogniu, dodać cebulę, kminek i czarny pieprz, wymieszać i smażyć przez 3 minuty.
2. Dodaj bok choy i pozostałe składniki, wymieszaj, gotuj jeszcze przez 8-9 minut, podziel na talerze i podawaj jako dodatek.

Odżywianie: kalorie 38, tłuszcz 0,8, błonnik 2, węglowodany 6,5, białko 2,2

Mieszanka zielonej fasoli i bakłażana

Czas przygotowania: 4 minuty
Czas gotowania: 40 minut
Porcje: 4

Składniki:

- 1 funt zielonej fasoli, przyciętej i przekrojonej na pół
- 1 mały bakłażan, pokrojony w duże kawałki
- 1 żółta cebula, posiekana
- 2 łyżki oliwy z oliwek
- 2 łyżki soku z limonki
- 1 łyżeczka wędzonej papryki
- ¼ szklanki bulionu warzywnego o niskiej zawartości sodu
- Czarny pieprz do smaku
- ½ łyżeczki oregano, suszonego

Wskazówki:

1. Na brytfannie połącz fasolkę szparagową z bakłażanem i pozostałymi składnikami, wymieszaj, włóż do piekarnika, piecz w temperaturze 390 stopni F przez 40 minut, podziel na talerze i podawaj jako dodatek.

Odżywianie: kalorie 141, tłuszcz 7,5, błonnik 8,9, węglowodany 19, białko 3,7

Mieszanka oliwek i karczochów

Czas przygotowania: 5 minut
Czas grzania: 0 minut
Porcje: 4

Składniki:
- 10 uncji serc karczochów w puszkach, bez dodatku soli, odsączonych i przekrojonych na pół
- 1 szklanka czarnych oliwek, wypestkowanych i pokrojonych w plasterki
- 1 łyżka kaparów, odsączonych
- 1 szklanka zielonych oliwek, wypestkowanych i pokrojonych w plasterki
- 1 łyżka natki pietruszki, posiekanej
- Czarny pieprz do smaku
- 2 łyżki oliwy z oliwek
- 2 łyżki octu z czerwonego wina
- 1 łyżka szczypiorku, posiekanego

Wskazówki:
1. W salaterce połącz karczochy z oliwkami i pozostałymi składnikami, wymieszaj i podawaj jako dodatek.

Odżywianie: kalorie 138, tłuszcz 11, błonnik 5,1, węglowodany 10, białko 2,7

Dip Kurkuma Papryka

Czas przygotowania: 4 minuty
Czas gotowania: 0 minut
Porcje: 4

Składniki:
- 1 łyżeczka kurkumy w proszku
- 1 szklanka kremu kokosowego
- 14 uncji czerwonej papryki, bez dodatku soli, posiekanej
- Sok z ½ cytryny
- 1 łyżka szczypiorku, posiekanego

Wskazówki:
1. W blenderze zmiksuj paprykę z kurkumą i pozostałymi składnikami oprócz szczypiorku, zmiksuj pulsacyjnie, przełóż do miseczek i posyp szczypiorkiem jako przekąskę.

Odżywianie: kalorie 183, tłuszcz 14,9, błonnik 3. węglowodany 12,7, białko 3,4

Rozprzestrzenianie Soczewicy

Czas przygotowania: 5 minut
Czas gotowania: 0 minut
Porcje: 4

Składniki:
- 14 uncji soczewicy z puszki, odsączonej, bez dodatku soli, wypłukanej
- Sok z 1 cytryny
- 2 ząbki czosnku, posiekane
- 2 łyżki oliwy z oliwek
- ½ szklanki kolendry, posiekanej

Wskazówki:
1. W blenderze połącz soczewicę z olejem i pozostałymi składnikami, dobrze pulsuj, rozłóż do miseczek i podawaj jako dodatek do przystawek.

Odżywianie: kalorie 416, tłuszcz 8,2, błonnik 30,4, węglowodany 60,4, białko 25,8

Prażone Orzechy Włoskie

Czas przygotowania: 5 minut
Czas gotowania: 15 minut
Porcje: 8

Składniki:
- ½ łyżeczki wędzonej papryki
- ½ łyżeczki chili w proszku
- ½ łyżeczki czosnku w proszku
- 1 łyżka oleju z awokado
- Szczypta pieprzu cayenne
- 14 uncji orzechów włoskich

Wskazówki:
1. Rozłóż orzechy włoskie na blasze wyłożonej papierem do pieczenia, dodaj paprykę i pozostałe składniki, wymieszaj i piecz w temperaturze 410 stopni F przez 15 minut.
2. Rozłóż do miseczek i podawaj jako przekąskę.

Odżywianie: kalorie 311, tłuszcz 29,6, błonnik 3,6, węglowodany 5,3, białko 12

Żurawinowe Kwadraty

Czas przygotowania: 3 godziny i 5 minut

Czas gotowania: 0 minut
Porcje: 4

Składniki:
- 2 uncje śmietanki kokosowej
- 2 łyżki płatków owsianych
- 2 łyżki wiórków kokosowych, posiekanych
- 1 szklanka żurawiny

Wskazówki:
1. W blenderze połącz płatki owsiane z żurawiną i innymi składnikami, dobrze pulsuj i rozłóż na kwadratowej patelni.

Pokroić na kwadraty i przechowywać w lodówce przez 3 godziny przed podaniem.

Odżywianie: kalorie 66, tłuszcz 4,4, błonnik 1,8, węglowodany 5,4, białko 0,8

Batony Kalafiora

Czas przygotowania: 10 minut
Czas gotowania: 30 minut
Porcje: 8

Składniki:
- 2 szklanki mąki pełnoziarnistej
- 2 łyżeczki proszku do pieczenia
- Szczypta czarnego pieprzu
- 2 jajka, roztrzepane
- 1 szklanka mleka migdałowego
- 1 szklanka różyczek kalafiora, posiekanych
- ½ szklanki niskotłuszczowego sera cheddar, posiekanego

Wskazówki:
1. W misce połącz mąkę z kalafiorem i pozostałymi składnikami i dobrze wymieszaj.
2. Rozłóż na blasze do pieczenia, włóż do piekarnika, piecz w temperaturze 400 stopni F przez 30 minut, pokrój w batony i podawaj jako przekąskę.

Odżywianie: kalorie 430, tłuszcz 18,1, błonnik 3,7, węglowodany 54, białko 14,5

Miski na migdały i nasiona

Czas przygotowania: 5 minut
Czas gotowania: 10 minut
Porcje: 4

Składniki:
- 2 szklanki migdałów
- ¼ szklanki kokosa, posiekanego
- 1 mango, obrane i pokrojone w kostkę
- 1 szklanka nasion słonecznika
- Spray do gotowania

Wskazówki:
1. Rozłóż migdały, kokos, mango i nasiona słonecznika na blasze do pieczenia, posmaruj sprayem do gotowania, wymieszaj i piecz w temperaturze 400 stopni F przez 10 minut.
2. Rozłóż do miseczek i podawaj jako przekąskę.

Odżywianie: kalorie 411, tłuszcz 31,8, błonnik 8,7, węglowodany 25,8, białko 13,3

Czipsy

Czas przygotowania: 10 minut
Czas gotowania: 20 minut
Porcje: 4

Składniki:
- 4 złote ziemniaki, obrane i pokrojone w cienkie plasterki
- 2 łyżki oliwy z oliwek
- 1 łyżka chili w proszku
- 1 łyżeczka słodkiej papryki
- 1 łyżka szczypiorku, posiekanego

Wskazówki:
1. Rozłóż chipsy na wyłożonej blachą do pieczenia, dodaj olej i pozostałe składniki, wymieszaj, włóż do piekarnika i piecz w temperaturze 390 stopni F przez 20 minut.
2. Rozłóż do miseczek i podawaj.

Odżywianie: kalorie 118, tłuszcz 7,4, błonnik 2,9, węglowodany 13,4, białko 1,3

Dip z jarmużu

Czas przygotowania: 10 minut
Czas gotowania: 20 minut
Porcje: 4

Składniki:
- 1 pęczek liści jarmużu
- 1 szklanka kremu kokosowego
- 1 szalotka, posiekana
- 1 łyżka oliwy z oliwek
- 1 łyżeczka chili w proszku
- Szczypta czarnego pieprzu

Wskazówki:
1. Rozgrzej patelnię z olejem na średnim ogniu, dodaj szalotki, wymieszaj i smaż przez 4 minuty.
2. Dodać jarmuż i pozostałe składniki, doprowadzić do wrzenia i gotować na średnim ogniu przez 16 minut.
3. Zmiksować blenderem zanurzeniowym, rozłożyć do miseczek i podawać jako przekąskę.

Odżywianie: kalorie 188, tłuszcz 17,9, błonnik 2,1, węglowodany 7,6, białko 2,5

Chipsy Z Buraków

Czas przygotowania: 10 minut
Czas gotowania: 35 minut
Porcje: 4

Składniki:
- 2 buraki, obrane i pokrojone w cienkie plasterki
- 1 łyżka oleju z awokado
- 1 łyżeczka kminku, mielonego
- 1 łyżeczka nasion kopru włoskiego, rozgniecionych
- 2 łyżeczki czosnku, posiekanego

Wskazówki:
1. Rozłóż chipsy buraczane na blasze wyłożonej papierem do pieczenia, dodaj olej i pozostałe składniki, wymieszaj, włóż do piekarnika i piecz w temperaturze 400 stopni F przez 35 minut.
2. Rozłóż do miseczek i podawaj jako przekąskę.

Odżywianie: kalorie 32, tłuszcz 0,7, błonnik 1,4, węglowodany 6,1, białko 1,1

Dip z Cukinii

Czas przygotowania: 5 minut
Czas gotowania: 10 minut
Porcje: 4

Składniki:
- ½ szklanki beztłuszczowego jogurtu
- 2 cukinie, posiekane
- 1 łyżka oliwy z oliwek
- 2 dymki, posiekane
- ¼ szklanki bulionu warzywnego o niskiej zawartości sodu
- 2 ząbki czosnku, posiekane
- 1 łyżka koperku, posiekanego
- Szczypta gałki muszkatołowej, mielonej

Wskazówki:
1. Rozgrzać patelnię z olejem na średnim ogniu, dodać cebulę i czosnek, wymieszać i smażyć przez 3 minuty.
2. Dodać cukinię i pozostałe składniki oprócz jogurtu, wymieszać, gotować jeszcze 7 minut i zdjąć z ognia.
3. Dodać jogurt, zmiksować blenderem zanurzeniowym, rozłożyć do miseczek i podawać.

Odżywianie: kalorie 76, tłuszcz 4,1, błonnik 1,5, węglowodany 7,2, białko 3,4

Mieszanka nasion i jabłek

Czas przygotowania: 10 minut
Czas gotowania: 20 minut
Porcje: 4

Składniki:
- 2 łyżki oliwy z oliwek
- 1 łyżeczka wędzonej papryki
- 1 szklanka nasion słonecznika
- 1 szklanka nasion chia
- 2 jabłka, pozbawione gniazd nasiennych i pokrojone w ósemki
- ½ łyżeczki kminku, mielonego
- Szczypta pieprzu cayenne

Wskazówki:
1. W misce połącz nasiona z jabłkami i pozostałymi składnikami, wymieszaj, rozłóż na wyłożonej papierem blasze, włóż do piekarnika i piecz w temperaturze 350 stopni F przez 20 minut.
2. Rozłóż do miseczek i podawaj jako przekąskę.

Odżywianie: kalorie 222, tłuszcz 15,4, błonnik 6,4, węglowodany 21,1, białko 4

Pasta z dyni

Czas przygotowania: 5 minut
Czas gotowania: 0 minut
Porcje: 4

Składniki:
- 2 szklanki miąższu dyni
- ½ szklanki pestek dyni
- 1 łyżka soku z cytryny
- 1 łyżka pasty sezamowej
- 1 łyżka oliwy z oliwek

Wskazówki:
1. W blenderze połącz dynię z pestkami i pozostałymi składnikami, dobrze pulsuj, rozłóż do miseczek i podawaj na imprezę.

Odżywianie: kalorie 162, tłuszcz 12,7, błonnik 2,3, węglowodany 9,7, białko 5,5

Pasta Szpinakowa

Czas przygotowania: 10 minut
Czas gotowania: 20 minut
Porcje: 4

Składniki:

- 1 funt szpinaku, posiekany
- 1 szklanka kremu kokosowego
- 1 szklanka niskotłuszczowej mozzarelli, posiekanej
- Szczypta czarnego pieprzu
- 1 łyżka koperku, posiekanego

Wskazówki:

1. W naczyniu do pieczenia połącz szpinak ze śmietaną i pozostałymi składnikami, dobrze wymieszaj, włóż do piekarnika i piecz w temperaturze 400 stopni F przez 20 minut.
2. Rozłóż do miseczek i podawaj.

Odżywianie: kalorie 186, tłuszcz 14,8, błonnik 4,4, węglowodany 8,4, białko 8,8

Salsa z oliwek i kolendry

Czas przygotowania: 5 minut
Czas gotowania: 0 minut
Porcje: 4

Składniki:
- 1 czerwona cebula, posiekana
- 1 szklanka czarnych oliwek, bez pestek i przekrojonych na pół
- 1 ogórek pokrojony w kostkę
- ¼ szklanki kolendry, posiekanej
- Szczypta czarnego pieprzu
- 2 łyżki soku z limonki

Wskazówki:
1. W misce wymieszaj oliwki z ogórkiem i resztą składników, wymieszaj i podawaj na zimno jako przekąskę.

Odżywianie: kalorie 64, tłuszcz 3,7, błonnik 2,1, węglowodany 8,4, białko 1,1

Dip ze szczypiorku i buraków

Czas przygotowania: 5 minut
Czas gotowania: 25 minut
Porcje: 4

Składniki:
- 2 łyżki oliwy z oliwek
- 1 czerwona cebula, posiekana
- 2 łyżki szczypiorku, posiekanego
- Szczypta czarnego pieprzu
- 1 burak, obrany i pokrojony
- 8 uncji niskotłuszczowego sera śmietankowego
- 1 szklanka kremu kokosowego

Wskazówki:
1. Rozgrzej patelnię z olejem na średnim ogniu, dodaj cebulę i smaż przez 5 minut.
2. Dodaj pozostałe składniki i gotuj wszystko jeszcze przez 20 minut, często mieszając.
3. Przenieś mieszankę do blendera, dobrze pulsuj, podziel na miski i podawaj.

Odżywianie: kalorie 418, tłuszcz 41,2, błonnik 2,5, węglowodany 10, białko 6,4

Ogórkowa salsa

Czas przygotowania: 5 minut
Czas gotowania: 0 minut
Porcje: 4

Składniki:
- 1 funt ogórków pokrojonych w kostkę
- 1 awokado, obrane, pozbawione pestek i pokrojone w kostkę
- 1 łyżka kaparów, odsączonych
- 1 łyżka szczypiorku, posiekanego
- 1 mała czerwona cebula, pokrojona w kostkę
- 1 łyżka oliwy z oliwek
- 1 łyżka octu balsamicznego

Wskazówki:
1. W misce połącz ogórki z awokado i pozostałymi składnikami, wymieszaj, podziel na małe filiżanki i podawaj.

Odżywianie: kalorie 132, tłuszcz 4,4, błonnik 4, węglowodany 11,6, białko 4,5

Dip z Ciecierzycy

Czas przygotowania: 5 minut
Czas gotowania: 0 minut
Porcje: 4

Składniki:
- 1 łyżka oliwy z oliwek
- 1 łyżka soku z cytryny
- 1 łyżka pasty sezamowej
- 2 łyżki szczypiorku, posiekanego
- 2 dymki, posiekane
- 2 szklanki ciecierzycy z puszki, bez dodatku soli, odsączonej i opłukanej

Wskazówki:
1. W blenderze połącz ciecierzycę z olejem i pozostałymi składnikami oprócz szczypiorku, dobrze pulsuj, rozłóż do miseczek, posyp szczypiorkiem i podawaj.

Odżywianie: kalorie 280, tłuszcz 13,3, błonnik 5,5, węglowodany 14,8, białko 6,2

Dip z oliwek

Czas przygotowania: 4 minuty
Czas gotowania: 0 minut
Porcje: 4

Składniki:
- 2 szklanki czarnych oliwek, bez pestek i posiekanych
- 1 szklanka mięty, posiekanej
- 2 łyżki oleju z awokado
- ½ szklanki śmietanki kokosowej
- ¼ szklanki soku z limonki
- Szczypta czarnego pieprzu

Wskazówki:
1. W blenderze połącz oliwki z miętą i pozostałymi składnikami, dobrze pulsuj, podziel na miski i podawaj.

Odżywianie: kalorie 287, tłuszcz 13,3, błonnik 4,7, węglowodany 17,4, białko 2,4

Kokosowy dip z cebuli

Czas przygotowania: 5 minut
Czas gotowania: 0 minut
Porcje: 4

Składniki:
- 4 dymki, posiekane
- 1 szalotka, posiekana
- 1 łyżka soku z limonki
- Szczypta czarnego pieprzu
- 2 uncje niskotłuszczowego sera mozzarella, rozdrobnionego
- 1 szklanka kremu kokosowego
- 1 łyżka natki pietruszki, posiekanej

Wskazówki:
1. W blenderze połącz dymkę z szalotką i pozostałymi składnikami, dobrze pulsuj, rozłóż do miseczek i podawaj jako dip na imprezę.

Odżywianie: kalorie 271, tłuszcz 15,3, błonnik 5, węglowodany 15,9, białko 6,9

Dip z orzeszków piniowych i kokosa

Czas przygotowania: 5 minut
Czas gotowania: 0 minut
Porcje: 4

Składniki:
- 8 uncji śmietanki kokosowej
- 1 łyżka orzeszków piniowych, posiekanych
- 2 łyżki natki pietruszki, posiekanej
- Szczypta czarnego pieprzu

Wskazówki:
1. W misce połączyć śmietanę z orzeszkami pinii i resztą składników, dobrze wymieszać, rozłożyć do miseczek i podawać.

Odżywianie: kalorie 281, tłuszcz 13, błonnik 4,8, węglowodany 16, białko 3,56

Salsa z rukoli i ogórków

Czas przygotowania: 5 minut
Czas gotowania: 0 minut
Porcje: 4

Składniki:
- 4 szalotki, posiekane
- 2 pomidory, pokrojone w kostkę
- 4 ogórki pokrojone w kostkę
- 1 łyżka octu balsamicznego
- 1 szklanka liści rukoli baby
- 2 łyżki soku z cytryny
- 2 łyżki oliwy z oliwek
- Szczypta czarnego pieprzu

Wskazówki:
1. W misce połącz szalotki z pomidorami i pozostałymi składnikami, wymieszaj, podziel na małe miseczki i podawaj jako przekąskę.

Odżywianie: kalorie 139, tłuszcz 3,8, błonnik 4,5, węglowodany 14, białko 5,4

DIP serowy

Czas przygotowania: 5 minut
Czas gotowania: 0 minut
Porcje: 6

Składniki:
- 1 łyżka posiekanej mięty
- 1 łyżka oregano, posiekanego
- 10 uncji beztłuszczowego sera śmietankowego
- ½ szklanki imbiru, pokrojonego
- 2 łyżki aminokwasów kokosowych

Wskazówki:
1. W blenderze połącz ser śmietankowy z imbirem i innymi składnikami, dobrze pulsuj, podziel na małe filiżanki i podawaj.

Odżywianie: kalorie 388, tłuszcz 15,4, błonnik 6, węglowodany 14,3, białko 6

Paprykowy Dip Jogurtowy

Czas przygotowania: 5 minut
Czas gotowania: 0 minut
Porcje: 4

Składniki:
- 3 szklanki beztłuszczowego jogurtu
- 2 dymki, posiekane
- 1 łyżeczka słodkiej papryki
- ¼ szklanki migdałów, posiekanych
- ¼ szklanki koperku, posiekanego

Wskazówki:
1. W misce połączyć jogurt z cebulą i pozostałymi składnikami, wymieszać, rozłożyć do miseczek i podawać.

Odżywianie: kalorie 181, tłuszcz 12,2, błonnik 6, węglowodany 14,1, białko 7

Salsa Kalafiorowa

Czas przygotowania: 5 minut
Czas gotowania: 0 minut
Porcje: 4

Składniki:
- 1 funtowe różyczki kalafiora, blanszowane
- 1 szklanka oliwek kalamata, wypestkowanych i przekrojonych na pół
- 1 szklanka pomidorków koktajlowych, przekrojonych na pół
- 1 łyżka oliwy z oliwek
- 1 łyżka soku z limonki
- Szczypta czarnego pieprzu

Wskazówki:
1. W misce połącz kalafior z oliwkami i pozostałymi składnikami, wymieszaj i podawaj.

Odżywianie: kalorie 139, tłuszcz 4, błonnik 3,6, węglowodany 5,5, białko 3,4

Pasta z Krewetek

Czas przygotowania: 5 minut
Czas gotowania: 0 minut
Porcje: 4

Składniki:
- 8 uncji śmietanki kokosowej
- 1 funt krewetek, ugotowanych, obranych, pozbawionych żyłek i posiekanych
- 2 łyżki koperku, posiekanego
- 2 dymki, posiekane
- 1 łyżka kolendry, posiekanej
- Szczypta czarnego pieprzu

Wskazówki:
1. W misce połącz krewetki ze śmietaną i pozostałymi składnikami, wymieszaj i podawaj jako dodatek na imprezę.

Odżywianie: kalorie 362, tłuszcz 14,3, błonnik 6, węglowodany 14,6, białko 5,9

Salsa brzoskwiniowa

Czas przygotowania: 4 minuty
Czas gotowania: 0 minut
Porcje: 4

Składniki:
- 4 brzoskwinie, usunięte pestki i pokrojone w kostkę
- 1 szklanka oliwek kalamata, wypestkowanych i przekrojonych na pół
- 1 awokado, bez pestki, obrane i pokrojone w kostkę
- 1 szklanka pomidorków koktajlowych, przekrojonych na pół
- 1 łyżka oliwy z oliwek
- 1 łyżka soku z limonki
- 1 łyżka kolendry, posiekanej

Wskazówki:
1. W misce połącz brzoskwinie z oliwkami i pozostałymi składnikami, dobrze wymieszaj i podawaj na zimno.

Odżywianie: kalorie 200, tłuszcz 7,5, błonnik 5, węglowodany 13,3, białko 4,9

Chipsy Marchewkowe

Czas przygotowania: 10 minut
Czas gotowania: 20 minut
Porcje: 4

Składniki:
- 4 marchewki, cienko pokrojone
- 2 łyżki oliwy z oliwek
- Szczypta czarnego pieprzu
- 1 łyżeczka słodkiej papryki
- ½ łyżeczki kurkumy w proszku
- Szczypta płatków czerwonej papryki

Wskazówki:
1. W misce połącz chipsy z marchwi z olejem i pozostałymi składnikami i wymieszaj.
2. Rozłóż chipsy na wyłożonej blachą do pieczenia, piecz w temperaturze 400 stopni F przez 25 minut, podziel na miski i podawaj jako przekąskę.

Odżywianie: kalorie 180, tłuszcz 3, błonnik 3,3, węglowodany 5,8, białko 1,3

Ukąszenia szparagów

Czas przygotowania: 4 minuty
Czas gotowania: 20 minut
Porcje: 4

Składniki:
- 2 łyżki oleju kokosowego, roztopionego
- 1 funt szparagów, przyciętych i przekrojonych na pół
- 1 łyżeczka czosnku w proszku
- 1 łyżeczka rozmarynu, suszonego
- 1 łyżeczka chili w proszku

Wskazówki:
1. W misce wymieszaj szparagi z olejem i pozostałymi składnikami, wymieszaj, rozłóż na wyłożonej papierem blasze i piecz w temperaturze 400 stopni F przez 20 minut.
2. Rozłóż do miseczek i podawaj na zimno jako przekąskę.

Odżywianie: kalorie 170, tłuszcz 4,3, błonnik 4, węglowodany 7, białko 4,5

Pieczone Figi Miski

Czas przygotowania: 4 minuty
Czas gotowania: 12 minut
Porcje: 4

Składniki:
- 8 fig, przekrojonych na pół
- 1 łyżka oleju z awokado
- 1 łyżeczka gałki muszkatołowej, mielonej

Wskazówki:
1. Na patelni do pieczenia połącz figi z olejem i gałką muszkatołową, wymieszaj i piecz w temperaturze 400 stopni F przez 12 minut.
2. Rozłóż figi do małych miseczek i podawaj jako przekąskę.

Odżywianie: kalorie 180, tłuszcz 4,3, błonnik 2, węglowodany 2, białko 3,2

Salsa Z Kapusty I Krewetek

Czas przygotowania: 5 minut
Czas gotowania: 6 minut
Porcje: 4

Składniki:
- 2 szklanki czerwonej kapusty, poszatkowanej
- 1 funt krewetek, obranych i pozbawionych żyłek
- 1 łyżka oliwy z oliwek
- Szczypta czarnego pieprzu
- 2 dymki, posiekane
- 1 szklanka pomidorów, pokrojonych w kostkę
- ½ łyżeczki czosnku w proszku

Wskazówki:
1. Rozgrzej patelnię z olejem na średnim ogniu, dodaj krewetki, wymieszaj i smaż przez 3 minuty z każdej strony.
2. W misce połącz kapustę z krewetkami i pozostałymi składnikami, wymieszaj, podziel na małe miseczki i podawaj.

Odżywianie: kalorie 225, tłuszcz 9,7, błonnik 5,1, węglowodany 11,4, białko 4,5

Kawałki awokado

Czas przygotowania: 5 minut
Czas gotowania: 10 minut
Porcje: 4

Składniki:

- 2 awokado, obrane, pozbawione pestek i pokrojone w ósemki
- 1 łyżka oleju z awokado
- 1 łyżka soku z limonki
- 1 łyżeczka kolendry, mielonej

Wskazówki:

1. Rozłóż kawałki awokado na wyłożonej blachą do pieczenia, dodaj olej i pozostałe składniki, wymieszaj i piecz w temperaturze 300 stopni F przez 10 minut.
2. Rozlej do pucharków i podawaj jako przekąskę.

Odżywianie: kalorie 212, tłuszcz 20,1, błonnik 6,9, węglowodany 9,8, białko 2

Dip cytrynowy

Czas przygotowania: 4 minuty
Czas gotowania: 0 minut
Porcje: 4

Składniki:
- 1 szklanka niskotłuszczowego sera śmietankowego
- Czarny pieprz do smaku
- ½ szklanki soku z cytryny
- 1 łyżka kolendry, posiekanej
- 3 ząbki czosnku, posiekane

Wskazówki:
1. W robocie kuchennym wymieszaj ser śmietankowy z sokiem z cytryny i innymi składnikami, dobrze pulsuj, podziel na miseczki i podawaj.

Odżywianie: kalorie 213, tłuszcz 20,5, błonnik 0,2, węglowodany 2,8, białko 4,8

Dip ze słodkich ziemniaków

Czas przygotowania: 10 minut
Czas gotowania: 40 minut
Porcje: 4

Składniki:
- 1 szklanka słodkich ziemniaków, obranych i pokrojonych w kostkę
- 1 łyżka niskosodowego bulionu warzywnego
- Spray do gotowania
- 2 łyżki śmietanki kokosowej
- 2 łyżeczki rozmarynu, suszonego
- Czarny pieprz do smaku

Wskazówki:
1. W brytfannie połącz ziemniaki z bulionem i pozostałymi składnikami, wymieszaj, piecz w temperaturze 365 stopni F przez 40 minut, przełóż do blendera, dobrze pulsuj, podziel na małe miseczki i podawaj

Odżywianie: kalorie 65, tłuszcz 2,1, błonnik 2, węglowodany 11,3, białko 0,8

Salsa Z Fasoli

Czas przygotowania: 5 minut
Czas gotowania: 0 minut
Porcje: 4

Składniki:
- 1 szklanka czarnej fasoli z puszki, bez dodatku soli, odsączonej
- 1 szklanka czerwonej fasoli z puszki, bez dodatku soli, odsączonej
- 1 łyżeczka octu balsamicznego
- 1 szklanka pomidorków koktajlowych, pokrojonych w kostkę
- 1 łyżka oliwy z oliwek
- 2 szalotki, posiekane

Wskazówki:
1. W misce połącz fasolę z octem i innymi składnikami, wymieszaj i podawaj jako przekąskę na imprezę.

Odżywianie: kalorie 362, tłuszcz 4,8, błonnik 14,9, węglowodany 61, białko 21,4

Salsa Z Zielonej Fasoli

Czas przygotowania: 10 minut
Czas gotowania: 10 minut
Porcje: 4

Składniki:
- 1 funt zielonej fasoli, przyciętej i przekrojonej na pół
- 1 łyżka oliwy z oliwek
- 2 łyżeczki kaparów, odsączonych
- 6 uncji zielonych oliwek, bez pestek i pokrojonych w plasterki
- 4 ząbki czosnku, posiekane
- 1 łyżka soku z limonki
- 1 łyżka oregano, posiekanego
- Czarny pieprz do smaku

Wskazówki:
1. Rozgrzej patelnię z olejem na średnim ogniu, dodaj czosnek i zieloną fasolkę, wymieszaj i smaż przez 3 minuty.
2. Dodaj pozostałe składniki, wymieszaj, gotuj jeszcze 7 minut, rozlej do małych filiżanek i podawaj na zimno.

Odżywianie: kalorie 111, tłuszcz 6,7, błonnik 5,6, węglowodany 13,2, białko 2,9

Pasta Marchewkowa

Czas przygotowania: 10 minut
Czas gotowania: 30 minut
Porcje: 4

Składniki:
- 1 funt marchwi, obranej i pokrojonej
- ½ szklanki orzechów włoskich, posiekanych
- 2 szklanki bulionu warzywnego o niskiej zawartości sodu
- 1 szklanka kremu kokosowego
- 1 łyżka rozmarynu, posiekanego
- 1 łyżeczka czosnku w proszku
- ¼ łyżeczki wędzonej papryki

Wskazówki:
1. W małym rondelku wymieszaj marchewkę z bulionem, orzechami włoskimi i pozostałymi składnikami oprócz śmietany i rozmarynu, wymieszaj, zagotuj na średnim ogniu, gotuj przez 30 minut, odcedź i przełóż do blendera.
2. Dodać śmietanę, dobrze wymieszać, rozłożyć do miseczek, posypać rozmarynem i podawać.

Odżywianie: kalorie 201, tłuszcz 8,7, błonnik 3,4, węglowodany 7,8, białko 7,7

Dip Pomidorowy

Czas przygotowania: 10 minut
Czas gotowania: 10 minut
Porcje: 4

Składniki:
- 1 funt pomidorów, obranych i posiekanych
- ½ szklanki czosnku, posiekanego
- 2 łyżki oliwy z oliwek
- Szczypta czarnego pieprzu
- 2 szalotki, posiekane
- 1 łyżeczka suszonego tymianku

Wskazówki:
1. Rozgrzać patelnię z olejem na średnim ogniu, dodać czosnek i szalotki, wymieszać i smażyć przez 2 minuty.
2. Dodać pomidory i pozostałe składniki, gotować jeszcze 8 minut i przełożyć do blendera.
3. Dobrze pulsuj, podziel na małe filiżanki i podawaj jako przekąskę.

Odżywianie: kalorie 232, tłuszcz 11,3, błonnik 3,9, węglowodany 7,9, białko 4,5

Miski z łososia

Czas przygotowania: 10 minut
Czas gotowania: 0 minut
Porcje: 6

Składniki:
- 1 łyżka oleju z awokado
- 1 łyżka octu balsamicznego
- ½ łyżeczki oregano, suszonego
- 1 szklanka wędzonego łososia, bez dodatku soli, bez kości, bez skóry i pokrojona w kostkę
- 1 szklanka salsy
- 4 szklanki szpinaku baby

Wskazówki:
1. W misce połącz łososia z salsą i pozostałymi składnikami, wymieszaj, podziel na małe filiżanki i podawaj.

Odżywianie: kalorie 281, tłuszcz 14,4, błonnik 7,4, węglowodany 18,7, białko 7,4

Salsa Z Pomidorów I Kukurydzy

Czas przygotowania: 4 minuty
Czas gotowania: 0 minut
Porcje: 4

Składniki:
- 3 szklanki kukurydzy
- 2 szklanki pomidorów, pokrojonych w kostkę
- 2 zielone cebule, posiekane
- 2 łyżki oliwy z oliwek
- 1 czerwona papryczka chili, posiekana
- ½ łyżki szczypiorku, posiekanego

Wskazówki:
1. W salaterce wymieszaj pomidory z kukurydzą i pozostałymi składnikami, wymieszaj i podawaj na zimno jako przekąskę.

Odżywianie: kalorie 178, tłuszcz 8,6, błonnik 4,5, węglowodany 25,9, białko 4,7

Pieczone Pieczarki

Czas przygotowania: 10 minut
Czas gotowania: 25 minut
Porcje: 4

Składniki:
- 1 funtowe małe kapelusze pieczarek
- 2 łyżki oliwy z oliwek
- 1 łyżka szczypiorku, posiekanego
- 1 łyżka rozmarynu, posiekanego
- Czarny pieprz do smaku

Wskazówki:
1. Włóż grzyby do brytfanny, dodaj olej i pozostałe składniki, wymieszaj, piecz w 400 stopniach przez 25 minut, rozłóż do miseczek i podawaj jako przekąskę.

Odżywianie: kalorie 215, tłuszcz 12,3, błonnik 6,7, węglowodany 15,3, białko 3,5

Rozprzestrzenianie się Fasoli

Czas przygotowania: 5 minut
Czas gotowania: 0 minut
Porcje: 4

Składniki:
- ½ szklanki śmietanki kokosowej
- 1 łyżka oliwy z oliwek
- 2 szklanki czarnej fasoli z puszki, bez dodatku soli, odsączonej i wypłukanej
- 2 łyżki zielonej cebuli, posiekanej

Wskazówki:
1. W blenderze połącz fasolę ze śmietaną i innymi składnikami, dobrze pulsuj, podziel na miski i podawaj.

Odżywianie: kalorie 311, tłuszcz 13,5, błonnik 6, węglowodany 18,0, białko 8

Salsa z kopru włoskiego

Czas przygotowania: 5 minut
Czas gotowania: 0 minut
Porcje: 4

Składniki:
- 2 dymki, posiekane
- 2 bulwy kopru włoskiego, posiekane
- 1 zielona papryczka chilli, posiekana
- 1 pomidor, posiekany
- 1 łyżeczka kurkumy w proszku
- 1 łyżeczka soku z limonki
- 2 łyżki kolendry, posiekanej
- Czarny pieprz do smaku

Wskazówki:
1. W salaterce wymieszaj koper włoski z cebulą i pozostałymi składnikami, wymieszaj, podziel na filiżanki i podawaj.

Odżywianie: kalorie 310, tłuszcz 11,5, błonnik 5,1, węglowodany 22,3, białko 6,5

Brukselka Gryzie

Czas przygotowania: 10 minut
Czas gotowania: 25 minut
Porcje: 4

Składniki:
- 1 funt brukselki, przycięte i przekrojone na pół
- 2 łyżki oliwy z oliwek
- 1 łyżka kminku, mielonego
- 1 szklanka koperku, posiekanego
- 2 ząbki czosnku, posiekane

Wskazówki:
1. Na brytfannie połącz brukselkę z olejem i pozostałymi składnikami, wymieszaj i piecz w temperaturze 390 stopni F przez 25 minut.
2. Rozłóż kiełki do miseczek i podawaj jako przekąskę.

Odżywianie: kalorie 270, tłuszcz 10,3, błonnik 5,2, węglowodany 11,1, białko 6

Balsamiczne Orzechy Włoskie

Czas przygotowania: 10 minut
Czas gotowania: 15 minut
Porcje: 4

Składniki:
- 2 szklanki orzechów włoskich
- 3 łyżki czerwonego octu
- Odrobina oliwy z oliwek
- Szczypta pieprzu cayenne
- Szczypta płatków czerwonej papryki
- Czarny pieprz do smaku

Wskazówki:
1. Rozłóż orzechy włoskie na wyłożonej blachą do pieczenia, dodaj ocet i pozostałe składniki, wymieszaj i piecz w temperaturze 400 stopni F przez 15 minut.
2. Orzechy włoskie rozłożyć do miseczek i podawać.

Odżywianie: kalorie 280, tłuszcz 12,2, błonnik 2, węglowodany 15,8, białko 6

Chipsy Z Rzodkiewki

Czas przygotowania: 10 minut
Czas gotowania: 20 minut
Porcje: 4

Składniki:
- 1 funt rzodkiewki, cienko pokrojone
- Szczypta kurkumy w proszku
- Czarny pieprz do smaku
- 2 łyżki oliwy z oliwek

Wskazówki:
1. Rozłóż chipsy rzodkiewki na wyłożonej blachą do pieczenia, dodaj olej i pozostałe składniki, wymieszaj i piecz w temperaturze 400 stopni F przez 20 minut.
2. Rozłóż chipsy do miseczek i podawaj.

Odżywianie: kalorie 120, tłuszcz 8,3, błonnik 1, węglowodany 3,8, białko 6

Sałatka Z Porów I Krewetek

Czas przygotowania: 4 minuty
Czas gotowania: 0 minut
Porcje: 4

Składniki:
- 2 pory, pokrojone w plasterki
- 1 szklanka kolendry, posiekanej
- 1 funt krewetek, obranych, pozbawionych żyłek i ugotowanych
- Sok z 1 limonki
- 1 łyżka startej skórki z limonki
- 1 szklanka pomidorków koktajlowych, przekrojonych na pół
- 2 łyżki oliwy z oliwek
- Sól i czarny pieprz do smaku

Wskazówki:
1. W salaterce wymieszaj krewetki z porami i pozostałymi składnikami, wymieszaj, podziel na małe filiżanki i podawaj.

Odżywianie: kalorie 280, tłuszcz 9,1, błonnik 5,2, węglowodany 12,6, białko 5

Dip z porów

Czas przygotowania: 5 minut
Czas gotowania: 0 minut
Porcje: 4

Składniki:
- 1 łyżka soku z cytryny
- ½ szklanki niskotłuszczowego sera śmietankowego
- 2 łyżki oliwy z oliwek
- Czarny pieprz do smaku
- 4 pory, posiekane
- 1 łyżka kolendry, posiekanej

Wskazówki:
1. W blenderze połącz ser śmietankowy z porami i pozostałymi składnikami, zmiksuj pulsacyjnie, rozłóż do miseczek i podawaj jako dip na imprezę.

Odżywianie: kalorie 300, tłuszcz 12,2, błonnik 7,6, węglowodany 14,7, białko 5,6

Sałatka Z Papryki

Czas przygotowania: 5 minut
Czas gotowania: 0 minut
Porcje: 4

Składniki:
- ½ funta czerwonej papryki, pokrojonej w cienkie paski
- 3 zielone cebule, posiekane
- 1 łyżka oliwy z oliwek
- 2 łyżeczki imbiru, startego
- ½ łyżeczki rozmarynu, suszonego
- 3 łyżki octu balsamicznego

Wskazówki:
1. W salaterce wymieszaj paprykę z cebulą i pozostałymi składnikami, wymieszaj, podziel na małe filiżanki i podawaj.

Odżywianie: kalorie 160, tłuszcz 6, błonnik 3, węglowodany 10,9, białko 5,2

Pasta z awokado

Czas przygotowania: 4 minuty
Czas gotowania: 0 minut
Porcje: 4

Składniki:
- 2 łyżki koperku, posiekanego
- 1 szalotka, posiekana
- 2 ząbki czosnku, posiekane
- 2 awokado, obrane, pozbawione pestek i posiekane
- 1 szklanka kremu kokosowego
- 2 łyżki oliwy z oliwek
- 2 łyżki soku z limonki
- Czarny pieprz do smaku

Wskazówki:
1. W blenderze połącz awokado z szalotką, czosnkiem i pozostałymi składnikami, dobrze pulsuj, podziel na małe miseczki i podawaj jako przekąskę.

Odżywianie: kalorie 300, tłuszcz 22,3, błonnik 6,4, węglowodany 42, białko 8,9

DIP kukurydziany

Czas przygotowania: 30 minut
Czas gotowania: 0 minut
Porcje: 4

Składniki:
- Szczypta pieprzu cayenne
- Szczypta czarnego pieprzu
- 2 szklanki kukurydzy
- 1 szklanka kremu kokosowego
- 2 łyżki soku z cytryny
- 2 łyżki oleju z awokado

Wskazówki:
1. W blenderze połącz kukurydzę ze śmietaną i pozostałymi składnikami, dobrze pulsuj, rozłóż do miseczek i podawaj jako dip na imprezę.

Odżywianie: kalorie 215, tłuszcz 16,2, błonnik 3,8, węglowodany 18,4, białko 4

Batony Fasolowe

Czas przygotowania: 2 godziny
Czas gotowania: 0 minut
Porcje: 12

Składniki:
- 1 szklanka czarnej fasoli z puszki, bez dodatku soli, odsączonej
- 1 szklanka płatków kokosowych, niesłodzonych
- 1 szklanka niskotłuszczowego masła
- ½ szklanki nasion chia
- ½ szklanki śmietanki kokosowej

Wskazówki:
1. W blenderze połącz fasolę z płatkami kokosowymi i innymi składnikami, dobrze zmiksuj, rozłóż na kwadratowej blasze, naciśnij, przechowuj w lodówce przez 2 godziny, pokrój w średnie batoniki i podawaj.

Odżywianie: kalorie 141, tłuszcz 7, błonnik 5, węglowodany 16,2, białko 5

Mieszanka pestek dyni i chipsów jabłkowych

Czas przygotowania: 10 minut
Czas gotowania: 2 godziny
Porcje: 4

Składniki:
- Spray do gotowania
- 2 łyżeczki gałki muszkatołowej, mielonej
- 1 szklanka pestek dyni
- 2 jabłka, pozbawione gniazd nasiennych i pokrojone w cienkie plasterki

Wskazówki:
1. Ułóż pestki dyni i chipsy jabłkowe na wyłożonej papierem do pieczenia blasze, posyp całość gałką muszkatołową, posmaruj je sprayem, włóż do piekarnika i piecz w temperaturze 300 stopni F przez 2 godziny.
2. Rozłóż do miseczek i podawaj jako przekąskę.

Odżywianie: kalorie 80, tłuszcz 0, błonnik 3, węglowodany 7, białko 4

Dip z pomidorów i jogurtu

Czas przygotowania: 5 minut
Czas gotowania: 0 minut
Porcje: 4

Składniki:
- 2 szklanki beztłuszczowego jogurtu greckiego
- 1 łyżka natki pietruszki, posiekanej
- ¼ szklanki pomidorów z puszki, bez dodatku soli, posiekanych
- 2 łyżki szczypiorku, posiekanego
- Czarny pieprz do smaku

Wskazówki:
1. W misce wymieszaj jogurt z natką pietruszki i pozostałymi składnikami, dobrze wymieszaj, rozlej do małych miseczek i podawaj jako dip na imprezę.

Odżywianie: kalorie 78, tłuszcz 0, błonnik 0,2, węglowodany 10,6, białko 8,2

Miski z buraków Cayenne

Czas przygotowania: 10 minut
Czas gotowania: 35 minut
Porcje: 2

Składniki:
- 1 łyżeczka pieprzu kajeńskiego
- 2 buraki, obrane i pokrojone w kostkę
- 1 łyżeczka rozmarynu, suszonego
- 1 łyżka oliwy z oliwek
- 2 łyżeczki soku z limonki

Wskazówki:
1. Na brytfannie połącz kawałki buraków z pieprzem cayenne i pozostałymi składnikami, wymieszaj, włóż do piekarnika, piecz w temperaturze 355 stopni F przez 35 minut, podziel na małe miseczki i podawaj jako przekąskę.

Odżywianie: kalorie 170, tłuszcz 12,2, błonnik 7, węglowodany 15,1, białko 6

Miski z orzechami włoskimi i pekanami

Czas przygotowania: 10 minut
Czas gotowania: 10 minut
Porcje: 4

Składniki:
- 2 szklanki orzechów włoskich
- 1 szklanka orzechów pekan, posiekanych
- 1 łyżeczka oleju z awokado
- ½ łyżeczki słodkiej papryki

Wskazówki:
1. Rozłóż winogrona i orzechy pekan na wyłożonej blachą do pieczenia, dodaj olej i paprykę, wymieszaj i piecz w temperaturze 400 stopni F przez 10 minut.
2. Rozłóż do miseczek i podawaj jako przekąskę.

Odżywianie: kalorie 220, tłuszcz 12,4, błonnik 3, węglowodany 12,9, białko 5,6

Pietruszkowe Muffiny Łososiowe

Czas przygotowania: 10 minut
Czas gotowania: 25 minut
Porcje: 4

Składniki:
- 1 szklanka niskotłuszczowego sera mozzarella, posiekanego
- 8 uncji wędzonego łososia, bez skóry, bez kości i posiekanego
- 1 szklanka mąki migdałowej
- 1 jajko, roztrzepane
- 1 łyżeczka pietruszki, suszonej
- 1 ząbek czosnku, posiekany
- Czarny pieprz do smaku
- Spray do gotowania

Wskazówki:
1. W misce połącz łososia z mozzarellą i innymi składnikami oprócz sprayu do gotowania i dobrze wymieszaj.
2. Podziel tę mieszankę na blachę na muffiny nasmarowaną sprayem do gotowania, piecz w piekarniku w temperaturze 375 stopni F przez 25 minut i podawaj jako przekąskę.

Odżywianie: kalorie 273, tłuszcz 17, błonnik 3,5, węglowodany 6,9, białko 21,8

Piłki do Squasha

Czas przygotowania: 10 minut
Czas gotowania: 20 minut
Porcje: 8

Składniki:

- Odrobina oliwy z oliwek
- 1 duża dynia piżmowa, obrana i posiekana
- 2 łyżki kolendry, posiekanej
- 2 jajka, roztrzepane
- ½ szklanki mąki pełnoziarnistej
- Czarny pieprz do smaku
- 2 szalotki, posiekane
- 2 ząbki czosnku, posiekane

Wskazówki:
1. W misce wymieszaj dynię z kolendrą i pozostałymi składnikami oprócz oleju, dobrze wymieszaj i uformuj z tej mieszanki średnie kulki.
2. Ułóż je na wyłożonej blachą do pieczenia, posmaruj olejem, piecz w temperaturze 400 stopni F przez 10 minut z każdej strony, podziel na miski i podawaj.

Odżywianie: kalorie 78, tłuszcz 3, błonnik 0,9, węglowodany 10,8, białko 2,7

Cheesy Pearl Cebulowe Miski

Czas przygotowania: 10 minut
Czas gotowania: 30 minut
Porcje: 8

Składniki:
- 20 białych cebul perłowych, obranych
- 3 łyżki natki pietruszki, posiekanej
- 1 łyżka szczypiorku, posiekanego
- Czarny pieprz do smaku
- 1 szklanka niskotłuszczowej mozzarelli, startej na tarce
- 1 łyżka oliwy z oliwek

Wskazówki:
1. Rozłóż cebulę perłową na blasze wyłożonej papierem do pieczenia, dodaj olej, pietruszkę, szczypiorek i czarny pieprz i wymieszaj.
2. Posyp mozzarellą na wierzchu, piecz w temperaturze 390 stopni F przez 30 minut, rozłóż do miseczek i podawaj na zimno jako przekąskę.

Odżywianie: kalorie 136, tłuszcz 2,7, błonnik 6, węglowodany 25,9, białko 4,1

Batony brokułowe

Czas przygotowania: 10 minut
Czas gotowania: 25 minut
Porcje: 8

Składniki:
- 1 funt różyczek brokułów, posiekanych
- ½ szklanki niskotłuszczowego sera mozzarella, posiekanego
- 2 jajka, roztrzepane
- 1 łyżeczka oregano, suszonego
- 1 łyżeczka bazylii, suszonej
- Czarny pieprz do smaku

Wskazówki:
1. W misce wymieszaj brokuły z serem i pozostałymi składnikami, dobrze wymieszaj, rozłóż na prostokątnej patelni i dobrze dociśnij do dna.
2. Wstaw do piekarnika nagrzanego do 380 stopni F, piecz przez 25 minut, pokrój w batony i podawaj na zimno.

Odżywianie: kalorie 46, tłuszcz 1,3, błonnik 1,8, węglowodany 4,2, białko 5

Salsa Z Ananasa I Pomidorów

Czas przygotowania: 10 minut
Czas gotowania: 40 minut
Porcje: 4

Składniki:
- 20 uncji ananasa w puszce, odsączonego i pokrojonego w kostkę
- 1 szklanka suszonych pomidorów, pokrojonych w kostkę
- 1 łyżka bazylii, posiekanej
- 1 łyżka oleju z awokado
- 1 łyżeczka soku z limonki
- 1 szklanka czarnych oliwek, wypestkowanych i pokrojonych w plasterki
- Czarny pieprz do smaku

Wskazówki:
1. W misce połącz kostki ananasa z pomidorami i pozostałymi składnikami, wymieszaj, podziel na mniejsze filiżanki i podawaj jako przekąskę.

Odżywianie: kalorie 125, tłuszcz 4,3, błonnik 3,8, węglowodany 23,6, białko 1,5

Mieszanka z indyka i karczochów

Czas przygotowania: 5 minut
Czas gotowania: 25 minut
Porcje: 4

Składniki:
- 2 łyżki oliwy z oliwek
- 1 pierś z indyka, bez skóry, bez kości, pokrojona w plastry
- Szczypta czarnego pieprzu
- 1 łyżka bazylii, posiekanej
- 3 ząbki czosnku, posiekane
- 14 uncji karczochów w puszkach, bez dodatku soli, posiekanych
- 1 szklanka kremu kokosowego
- ¾ szklanki niskotłuszczowej mozzarelli, rozdrobnionej

Wskazówki:
1. Rozgrzej patelnię z olejem na średnim ogniu, dodaj mięso, czosnek i czarny pieprz, wymieszaj i smaż przez 5 minut.
2. Dodaj pozostałe składniki oprócz sera, wymieszaj i gotuj na średnim ogniu przez 15 minut.
3. Posyp serem, gotuj wszystko jeszcze przez 5 minut, rozłóż na talerzach i podawaj.

Odżywianie: kalorie 300, tłuszcz 22,2, błonnik 7,2, węglowodany 16,5, białko 13,6

Mieszanka oregano z indyka

Czas przygotowania: 10 minut
Czas gotowania: 30 minut
Porcje: 4

Składniki:
- 2 łyżki oleju z awokado
- 1 czerwona cebula, posiekana
- 2 ząbki czosnku, posiekane
- Szczypta czarnego pieprzu
- 1 łyżka oregano, posiekanego
- 1 duża pierś z indyka, bez skóry, bez kości, pokrojona w kostkę
- 1 i ½ szklanki bulionu wołowego o niskiej zawartości sodu
- 1 łyżka szczypiorku, posiekanego

Wskazówki:
1. Rozgrzej patelnię z olejem na średnim ogniu, dodaj cebulę, wymieszaj i smaż przez 3 minuty.
2. Dodać czosnek i mięso, wymieszać i smażyć jeszcze 3 minuty.
3. Dodaj pozostałe składniki, wymieszaj, gotuj wszystko na średnim ogniu przez 25 minut, rozłóż na talerzach i podawaj.

Odżywianie: kalorie 76, tłuszcz 2,1, błonnik 1,7, węglowodany 6,4, białko 8,3

Pomarańczowy kurczak

Czas przygotowania: 10 minut
Czas gotowania: 35 minut
Porcje: 4

Składniki:
- 1 łyżka oleju z awokado
- 1 funt piersi z kurczaka, bez skóry, bez kości, przekrojony na pół
- 2 ząbki czosnku, posiekane
- 2 szalotki, posiekane
- ½ szklanki soku pomarańczowego
- 1 łyżka skórki pomarańczowej, startej
- 3 łyżki octu balsamicznego
- 1 łyżeczka rozmarynu, posiekanego

Wskazówki:
1. Rozgrzej patelnię z olejem na średnim ogniu, dodaj szalotki i czosnek, wymieszaj i smaż przez 2 minuty.
2. Dodać mięso, delikatnie wymieszać i smażyć jeszcze 3 minuty.
3. Dodaj pozostałe składniki, wymieszaj, włóż blachę do piekarnika i piecz w temperaturze 340 stopni F przez 30 minut.
4. Podziel na talerze i podawaj.

Odżywianie: kalorie 159, tłuszcz 3,4, błonnik 0,5, węglowodany 5,4, białko 24,6

Indyk Czosnkowy I Pieczarki

Czas przygotowania: 10 minut
Czas gotowania: 40 minut
Porcje: 4

Składniki:
- 1 pierś z indyka, bez kości, bez skóry, pokrojona w kostkę
- ½ funta białych pieczarek, przekrojonych na pół
- 1/3 szklanki aminokwasów kokosowych
- 2 ząbki czosnku, posiekane
- 2 łyżki oliwy z oliwek
- Szczypta czarnego pieprzu
- 2 zielone cebule, posiekane
- 3 łyżki sosu czosnkowego
- 1 łyżka rozmarynu, posiekanego

Wskazówki:
1. Rozgrzej patelnię z olejem na średnim ogniu, dodaj zieloną cebulę, sos czosnkowy i czosnek i smaż przez 5 minut.
2. Dodać mięso i smażyć jeszcze 5 minut.
3. Dodaj pozostałe składniki, włóż do piekarnika i piecz w temperaturze 390 stopni F przez 30 minut.
4. Podziel mieszankę między talerze i podawaj.

Odżywianie: kalorie 154, tłuszcz 8,1, błonnik 1,5, węglowodany 11,5, białko 9,8

Patelnia Z Kurczakiem I Oliwkami

Czas przygotowania: 10 minut
Czas gotowania: 25 minut
Porcje: 4

Składniki:
- 1 funt piersi z kurczaka, bez skóry, bez kości i z grubsza pokrojony w kostkę
- Szczypta czarnego pieprzu
- 1 łyżka oleju z awokado
- 1 czerwona cebula, posiekana
- 1 szklanka mleka kokosowego
- 1 łyżka soku z cytryny
- 1 szklanka oliwek kalamata, wypestkowanych i pokrojonych w plasterki
- ¼ szklanki kolendry, posiekanej

Wskazówki:
1. Rozgrzej patelnię z olejem na średnim ogniu, dodaj cebulę i mięso, smaż przez 5 minut.
2. Dodać pozostałe składniki, wymieszać, doprowadzić do wrzenia i gotować na średnim ogniu przez kolejne 20 minut.
3. Podziel na talerze i podawaj.

Odżywianie: kalorie 409, tłuszcz 26,8, błonnik 3,2, węglowodany 8,3, białko 34,9

Balsamiczna mieszanka z indyka i brzoskwiń

Czas przygotowania: 10 minut
Czas gotowania: 25 minut
Porcje: 4

Składniki:
- 1 łyżka oleju z awokado
- 1 pierś z indyka, bez skóry, bez kości, pokrojona w plastry
- Szczypta czarnego pieprzu
- 1 żółta cebula, posiekana
- 4 brzoskwinie, usunąć pestki i pokroić w ósemki
- ¼ szklanki octu balsamicznego
- 2 łyżki szczypiorku, posiekanego

Wskazówki:
1. Rozgrzej patelnię z olejem na średnim ogniu, dodaj mięso i cebulę, wymieszaj i smaż przez 5 minut.
2. Dodaj pozostałe składniki oprócz szczypiorku, delikatnie wymieszaj i piecz w temperaturze 390 stopni F przez 20 minut.
3. Rozłóż wszystko na talerzach i podawaj z posypanym szczypiorkiem.

Odżywianie: kalorie 123, tłuszcz 1,6, błonnik 3,3, węglowodany 18,8, białko 9,1

Kokosowy Kurczak I Szpinak

Czas przygotowania: 10 minut
Czas gotowania: 25 minut
Porcje: 4

Składniki:

- 1 łyżka oleju z awokado
- 1 funt piersi z kurczaka, bez skóry, bez kości i pokrojony w kostkę
- ½ łyżeczki bazylii, suszonej
- Szczypta czarnego pieprzu
- ¼ szklanki bulionu warzywnego o niskiej zawartości sodu
- 2 szklanki szpinaku baby
- 2 szalotki, posiekane
- 2 ząbki czosnku, posiekane
- ½ łyżeczki słodkiej papryki
- 2/3 szklanki śmietanki kokosowej
- 2 łyżki kolendry, posiekanej

Wskazówki:

1. Rozgrzej patelnię z olejem na średnim ogniu, dodaj mięso, bazylię, czarny pieprz i smaż przez 5 minut.
2. Dodaj szalotki i czosnek i gotuj przez kolejne 5 minut.
3. Dodać pozostałe składniki, wymieszać, doprowadzić do wrzenia i gotować na średnim ogniu jeszcze przez 15 minut.
4. Podzielić na talerze i podawać gorące.

Odżywianie: kalorie 237, tłuszcz 12,9, błonnik 1,6, węglowodany 4,7, białko 25,8

Mieszanka Kurczaka I Szparagów

Czas przygotowania: 10 minut
Czas gotowania: 25 minut
Porcje: 4

Składniki:
- 2 piersi z kurczaka, bez skóry, bez kości, pokrojone w kostkę
- 2 łyżki oleju z awokado
- 2 dymki, posiekane
- 1 pęczek szparagów, przyciętych i przekrojonych na pół
- ½ łyżeczki słodkiej papryki
- Szczypta czarnego pieprzu
- 14 uncji pomidorów w puszkach, bez dodatku soli, odsączonych i posiekanych

Wskazówki:
1. Rozgrzać patelnię z olejem na średnim ogniu, dodać mięso i dymkę, wymieszać i smażyć przez 5 minut.
2. Dodaj szparagi i pozostałe składniki, wymieszaj, przykryj patelnię i gotuj na średnim ogniu przez 20 minut.
3. Podziel wszystko na talerze i podawaj.

Odżywianie: kalorie 171, tłuszcz 6,4, błonnik 2,6, węglowodany 6,4, białko 22,2

Indyk i Kremowe Brokuły

Czas przygotowania: 10 minut
Czas gotowania: 25 minut
Porcje: 4

Składniki:
- 1 łyżka oliwy z oliwek
- 1 duża pierś z indyka, bez skóry, bez kości, pokrojona w kostkę
- 2 szklanki różyczek brokuła
- 2 szalotki, posiekane
- 2 ząbki czosnku, posiekane
- 1 łyżka bazylii, posiekanej
- 1 łyżka kolendry, posiekanej
- ½ szklanki śmietanki kokosowej

Wskazówki:
1. Rozgrzej patelnię z olejem na średnim ogniu, dodaj mięso, szalotki i czosnek, wymieszaj i smaż przez 5 minut.
2. Dodaj brokuły i pozostałe składniki, wszystko wymieszaj, gotuj przez 20 minut na średnim ogniu, rozłóż na talerze i podawaj.

Odżywianie: kalorie 165, tłuszcz 11,5, błonnik 2,1, węglowodany 7,9, białko 9,6

Mieszanka zielonej fasoli z kurczakiem i koperkiem

Czas przygotowania: 10 minut
Czas gotowania: 25 minut
Porcje: 4

Składniki:
- 2 łyżki oliwy z oliwek
- 10 uncji zielonej fasoli, przyciętej i przekrojonej na pół
- 1 żółta cebula, posiekana
- 1 łyżka koperku, posiekanego
- 2 piersi z kurczaka, bez skóry, bez kości, przekrojone na pół
- 2 szklanki sosu pomidorowego, bez dodatku soli
- ½ łyżeczki płatków czerwonej papryki, zmiażdżonej

Wskazówki:
1. Rozgrzej patelnię z olejem na średnim ogniu, dodaj cebulę i mięso i smaż przez 2 minuty z każdej strony.
2. Dodaj zieloną fasolkę i pozostałe składniki, wymieszaj, włóż do piekarnika i piecz w temperaturze 380 stopni F przez 20 minut.
3. Podziel na talerze i podawaj od razu.

Odżywianie: kalorie 391, tłuszcz 17,8, błonnik 5, węglowodany 14,8, białko 43,9

Kurczak i Chili Cukinia

Czas przygotowania: 5 minut
Czas gotowania: 25 minut
Porcje: 4

Składniki:

- 1 funt piersi z kurczaka, bez skóry, bez kości i pokrojony w kostkę
- 1 szklanka bulionu z kurczaka o niskiej zawartości sodu
- 2 cukinie, z grubsza pokrojone w kostkę
- 1 łyżka oliwy z oliwek
- 1 szklanka pomidorów z puszki, bez dodatku soli, posiekanych
- 1 żółta cebula, posiekana
- 1 łyżeczka chili w proszku
- 1 łyżka kolendry, posiekanej

Wskazówki:
1. Rozgrzej patelnię z olejem na średnim ogniu, dodaj mięso i cebulę, wymieszaj i smaż przez 5 minut.
2. Dodaj cukinię i pozostałe składniki, delikatnie wymieszaj, zmniejsz ogień do średniego i gotuj przez 20 minut.
3. Podziel wszystko na talerze i podawaj.

Odżywianie:kalorie 284, tłuszcz 12,3, błonnik 2,4, węglowodany 8, białko 35

Mieszanka z awokado i kurczakiem

Czas przygotowania: 10 minut
Czas gotowania: 20 minut
Porcje: 4

Składniki:
- 2 piersi z kurczaka, bez skóry, bez kości, przekrojone na pół
- Sok z ½ cytryny
- 2 łyżki oliwy z oliwek
- 2 ząbki czosnku, posiekane
- ½ szklanki bulionu warzywnego o niskiej zawartości sodu
- 1 awokado, obrane, pozbawione pestek i pokrojone w ósemki
- Szczypta czarnego pieprzu

Wskazówki:
1. Rozgrzej patelnię z olejem na średnim ogniu, dodaj czosnek i mięso i smaż przez 2 minuty z każdej strony.
2. Dodać sok z cytryny i pozostałe składniki, doprowadzić do wrzenia i gotować na średnim ogniu przez 15 minut.
3. Podziel całą mieszankę między talerze i podawaj.

Odżywianie: kalorie 436, tłuszcz 27,3, błonnik 3,6, węglowodany 5,6, białko 41,8

Turcja i Bok Choy

Czas przygotowania: 10 minut
Czas gotowania: 20 minut
Porcje: 4

Składniki:
- 1 pierś z indyka, bez kości, bez skóry, pokrojona w grubszą kostkę
- 2 szalotki, posiekane
- 1 funt bok choy, rozdarty
- 2 łyżki oliwy z oliwek
- ½ łyżeczki imbiru, startego
- Szczypta czarnego pieprzu
- ½ szklanki bulionu warzywnego o niskiej zawartości sodu

Wskazówki:
1. Rozgrzej garnek z olejem na średnim ogniu, dodaj szalotki i imbir i smaż przez 2 minuty.
2. Dodaj mięso i smaż jeszcze przez 5 minut.
3. Dodaj pozostałe składniki, wymieszaj, gotuj jeszcze 13 minut, rozłóż na talerzach i podawaj.

Odżywianie: kalorie 125, tłuszcz 8, błonnik 1,7, węglowodany 5,5, białko 9,3

Mieszanka Kurczaka Z Czerwoną Cebulą

Czas przygotowania: 10 minut
Czas gotowania: 25 minut
Porcje: 4

Składniki:
- 2 piersi z kurczaka, bez skóry, bez kości i z grubsza pokrojone w kostkę
- 3 czerwone cebule, pokrojone
- 2 łyżki oliwy z oliwek
- 1 szklanka bulionu warzywnego o niskiej zawartości sodu
- Szczypta czarnego pieprzu
- 1 łyżka kolendry, posiekanej
- 1 łyżka szczypiorku, posiekanego

Wskazówki:
1. Rozgrzej patelnię z olejem na średnim ogniu, dodaj cebulę i szczyptę czarnego pieprzu i smaż przez 10 minut często mieszając.
2. Dodać kurczaka i gotować jeszcze 3 minuty.
3. Dodać pozostałe składniki, doprowadzić do wrzenia i gotować na średnim ogniu przez kolejne 12 minut.
4. Podziel mieszankę kurczaka i cebuli na talerze i podawaj.

Odżywianie: kalorie 364, tłuszcz 17,5, błonnik 2,1, węglowodany 8,8, białko 41,7

Gorący indyk i ryż

Czas przygotowania: 10 minut
Czas gotowania: 42 minuty
Porcje: 4

Składniki:
- 1 pierś z indyka, bez skóry, bez kości, pokrojona w kostkę
- 1 szklanka białego ryżu
- 2 szklanki bulionu warzywnego o niskiej zawartości sodu
- 1 łyżeczka ostrej papryki
- 2 małe papryczki Serrano, posiekane
- 2 ząbki czosnku, posiekane
- 2 łyżki oliwy z oliwek
- ½ posiekanej czerwonej papryki
- Szczypta czarnego pieprzu

Wskazówki:
1. Rozgrzej patelnię z olejem na średnim ogniu, dodaj papryczki Serrano i czosnek i smaż przez 2 minuty.
2. Dodaj mięso i smaż przez 5 minut.
3. Dodać ryż i pozostałe składniki, doprowadzić do wrzenia i gotować na średnim ogniu przez 35 minut.
4. Wymieszaj, podziel na talerze i podawaj.

Odżywianie: kalorie 271, tłuszcz 7,7, błonnik 1,7, węglowodany 42, białko 7,8

Lemon Por i Kurczak

Czas przygotowania: 10 minut
Czas gotowania: 40 minut
Porcje: 4

Składniki:
- 1 funt piersi z kurczaka, bez skóry, bez kości i pokrojony w kostkę
- Szczypta czarnego pieprzu
- 2 łyżki oleju z awokado
- 1 łyżka sosu pomidorowego, bez dodatku soli
- 1 szklanka bulionu warzywnego o niskiej zawartości sodu
- 4 pory, grubo posiekane
- ½ szklanki soku z cytryny

Wskazówki:
1. Rozgrzej patelnię z olejem na średnim ogniu, dodaj pory, wymieszaj i smaż przez 10 minut.
2. Dodaj kurczaka i pozostałe składniki, wymieszaj, gotuj na średnim ogniu jeszcze przez 20 minut, rozłóż na talerzach i podawaj.

Odżywianie: kalorie 199, tłuszcz 13,3, błonnik 5, węglowodany 7,6, białko 17,4

Indyk z mieszanką kapusty włoskiej

Czas przygotowania: 10 minut
Czas gotowania: 35 minut
Porcje: 4

Składniki:
- 1 duża pierś z indyka, bez skóry, bez kości, pokrojona w kostkę
- 1 szklanka bulionu z kurczaka o niskiej zawartości sodu
- 1 łyżka oleju kokosowego, roztopionego
- 1 kapusta włoska, posiekana
- 1 łyżeczka chili w proszku
- 1 łyżeczka słodkiej papryki
- 1 ząbek czosnku, posiekany
- 1 żółta cebula, posiekana
- Szczypta soli i czarnego pieprzu

Wskazówki:
1. Rozgrzej patelnię z olejem na średnim ogniu, dodaj mięso i smaż przez 5 minut.
2. Dodaj czosnek i cebulę, wymieszaj i smaż jeszcze przez 5 minut.
3. Dodać kapustę i pozostałe składniki, wymieszać, doprowadzić do wrzenia i gotować na średnim ogniu przez 25 minut.
4. Podziel wszystko na talerze i podawaj.

Odżywianie: kalorie 299, tłuszcz 14,5, błonnik 5, węglowodany 8,8, białko 12,6

Kurczak Z Pieczarkami Paprykowymi

Czas przygotowania: 10 minut
Czas gotowania: 30 minut
Porcje: 4

Składniki:
- 1 funt piersi z kurczaka, bez skóry, bez kości i pokrojony w plastry
- 4 szalotki, posiekane
- 1 łyżka oliwy z oliwek
- 1 łyżka słodkiej papryki
- 1 szklanka bulionu z kurczaka o niskiej zawartości sodu
- 1 łyżka imbiru, startego
- 1 łyżeczka oregano, suszonego
- 1 łyżeczka kminku, mielonego
- 1 łyżeczka ziela angielskiego, mielonego
- ½ szklanki kolendry, posiekanej
- Szczypta czarnego pieprzu

Wskazówki:
1. Rozgrzej patelnię z olejem na średnim ogniu, dodaj szalotki i mięso i smaż przez 5 minut.
2. Dodaj pozostałe składniki, wymieszaj, włóż do piekarnika i piecz w temperaturze 390 stopni F przez 25 minut.
3. Podziel kurczaka i szalotkę na talerze i podawaj.

Odżywianie: kalorie 295, tłuszcz 12,5, błonnik 6,9, węglowodany 22,4, białko 15,6

Sos Z Kurczaka I Musztardy

Czas przygotowania: 10 minut
Czas gotowania: 35 minut
Porcje: 4

Składniki:
- 1 funt udek z kurczaka, bez kości i bez skóry
- 1 łyżka oleju z awokado
- 2 łyżki musztardy
- 1 szalotka, posiekana
- 1 szklanka bulionu z kurczaka o niskiej zawartości sodu
- Szczypta soli i czarnego pieprzu
- 3 ząbki czosnku, posiekane
- ½ łyżeczki bazylii, suszonej

Wskazówki:
1. Rozgrzej patelnię z olejem na średnim ogniu, dodaj szalotkę, czosnek i kurczaka i smaż wszystko przez 5 minut.
2. Dodać musztardę i pozostałe składniki, delikatnie wymieszać, doprowadzić do wrzenia i gotować na średnim ogniu przez 30 minut.
3. Podziel wszystko na talerze i podawaj gorące.

Odżywianie: kalorie 299, tłuszcz 15,5, błonnik 6,6, węglowodany 30,3, białko 12,5

Mieszanka Kurczaka I Selera

Czas przygotowania: 10 minut
Czas gotowania: 35 minut
Porcje: 4

Składniki:
- Szczypta czarnego pieprzu
- 2 funty piersi z kurczaka, bez skóry, bez kości i pokrojone w kostkę
- 2 łyżki oliwy z oliwek
- 1 szklanka selera, posiekanego
- 3 ząbki czosnku, posiekane
- 1 papryczka poblano, posiekana
- 1 szklanka bulionu warzywnego o niskiej zawartości sodu
- 1 łyżeczka chili w proszku
- 2 łyżki szczypiorku, posiekanego

Wskazówki:
1. Rozgrzej patelnię z olejem na średnim ogniu, dodaj czosnek, seler i papryczkę poblano, wymieszaj i smaż przez 5 minut.
2. Dodać mięso, wymieszać i smażyć jeszcze 5 minut.
3. Dodać pozostałe składniki oprócz szczypiorku, doprowadzić do wrzenia i gotować na średnim ogniu jeszcze przez 25 minut.
4. Podziel całość na talerze i podawaj ze szczypiorkiem posypanym na wierzchu.

Odżywianie:kalorie 305, tłuszcz 18, błonnik 13,4, węglowodany 22,5, białko 6

Limonkowy Indyk Z Młodymi Ziemniakami

Czas przygotowania: 10 minut
Czas gotowania: 40 minut
Porcje: 4

Składniki:
- 1 pierś z indyka, bez skóry, bez kości, pokrojona w plastry
- 2 łyżki oliwy z oliwek
- 1 funt młodych ziemniaków, obranych i przekrojonych na pół
- 1 łyżka słodkiej papryki
- 1 żółta cebula, posiekana
- 1 łyżeczka chili w proszku
- 1 łyżeczka rozmarynu, suszonego
- 2 szklanki bulionu z kurczaka o niskiej zawartości sodu
- Szczypta czarnego pieprzu
- Skórka z 1 limonki, starta
- 1 łyżka soku z limonki
- 1 łyżka kolendry, posiekanej

Wskazówki:
1. Rozgrzej patelnię z olejem na średnim ogniu, dodaj cebulę, chili w proszku i rozmaryn, wymieszaj i smaż przez 5 minut.
2. Dodaj mięso, smaż jeszcze przez 5 minut.
3. Dodać ziemniaki i pozostałe składniki oprócz kolendry, delikatnie wymieszać, doprowadzić do wrzenia i gotować na średnim ogniu przez 30 minut.
4. Podziel mieszankę na talerze i podawaj z kolendrą posypaną na wierzchu.

Odżywianie: kalorie 345, tłuszcz 22,2, błonnik 12,3, węglowodany 34,5, białko 16,4

Kurczak Z Zieloną Musztardą

Czas przygotowania: 10 minut
Czas gotowania: 25 minut
Porcje: 4

Składniki:
- 2 piersi z kurczaka, bez skóry, bez kości, pokrojone w kostkę
- 3 szklanki zielonej musztardy
- 1 szklanka pomidorów z puszki, bez dodatku soli, posiekanych
- 1 czerwona cebula, posiekana
- 2 łyżki oleju z awokado
- 1 łyżeczka oregano, suszonego
- 2 ząbki czosnku, posiekane
- 1 łyżka szczypiorku, posiekanego
- 1 łyżka octu balsamicznego
- Szczypta czarnego pieprzu

Wskazówki:
1. Rozgrzej patelnię z olejem na średnim ogniu, dodaj cebulę i czosnek i smaż przez 5 minut.
2. Dodaj mięso i smaż je jeszcze przez 5 minut.
3. Dodaj zieleninę, pomidory i pozostałe składniki, wymieszaj, gotuj przez 20 minut na średnim ogniu, rozłóż na talerzach i podawaj.

Odżywianie: kalorie 290, tłuszcz 12,3, błonnik 6,7, węglowodany 22,30, białko 14,3

Pieczony Kurczak I Jabłka

Czas przygotowania: 10 minut
Czas gotowania: 50 minut
Porcje: 4

Składniki:
- 2 funty udek z kurczaka, bez kości i bez skóry
- 2 łyżki oliwy z oliwek
- 2 czerwone cebule, pokrojone
- Szczypta czarnego pieprzu
- 1 łyżeczka suszonego tymianku
- 1 łyżeczka bazylii, suszonej
- 1 szklanka zielonych jabłek, pozbawionych gniazd nasiennych i z grubsza pokrojonych w kostkę
- 2 ząbki czosnku, posiekane
- 2 szklanki bulionu z kurczaka o niskiej zawartości sodu
- 1 łyżka soku z cytryny
- 1 szklanka pomidorów, pokrojonych w kostkę
- 1 łyżka kolendry, posiekanej

Wskazówki:
1. Rozgrzej patelnię z olejem na średnim ogniu, dodaj cebulę i czosnek i smaż przez 5 minut.
2. Dodaj kurczaka i smaż przez kolejne 5 minut.
3. Dodaj tymianek, bazylię i pozostałe składniki, delikatnie wymieszaj, włóż do piekarnika i piecz w temperaturze 390 stopni F przez 40 minut.
4. Podziel mieszankę kurczaka i jabłek na talerze i podawaj.

Odżywianie: kalorie 290, tłuszcz 12,3, błonnik 4, węglowodany 15,7, białko 10

Kurczak Chipotle

Czas przygotowania: 10 minut
Czas gotowania: 1 godzina
Porcje: 6

Składniki:
- 2 funty udek z kurczaka, bez kości i bez skóry
- 1 żółta cebula, posiekana
- 2 łyżki oliwy z oliwek
- 3 ząbki czosnku, posiekane
- 1 łyżka nasion kolendry, zmielonych
- 1 łyżeczka kminku, mielonego
- 1 szklanka bulionu z kurczaka o niskiej zawartości sodu
- 4 łyżki pasty chipotle chili
- Szczypta czarnego pieprzu
- 1 łyżka kolendry, posiekanej

Wskazówki:
1. Rozgrzej patelnię z olejem na średnim ogniu, dodaj cebulę i czosnek i smaż przez 5 minut.
2. Dodaj mięso i smaż jeszcze przez 5 minut.
3. Dodaj pozostałe składniki, wymieszaj, włóż wszystko do piekarnika i piecz w temperaturze 390 stopni F przez 50 minut.
4. Podziel całą mieszankę między talerze i podawaj.

Odżywianie: kalorie 280, tłuszcz 12,1, błonnik 6,3, węglowodany 15,7, białko 12

Indyk ziołowy

Czas przygotowania: 10 minut
Czas gotowania: 35 minut
Porcje: 4

Składniki:
- 1 duża pierś z indyka, bez kości, bez skóry, pokrojona w plastry
- 1 łyżka szczypiorku, posiekanego
- 1 łyżka oregano, posiekanego
- 1 łyżka bazylii, posiekanej
- 1 łyżka kolendry, posiekanej
- 2 szalotki, posiekane
- 2 łyżki oliwy z oliwek
- 1 szklanka bulionu z kurczaka o niskiej zawartości sodu
- 1 szklanka pomidorów, pokrojonych w kostkę
- Sól i czarny pieprz do smaku

Wskazówki:
1. Rozgrzej patelnię z olejem na średnim ogniu, dodaj szalotki i mięso i smaż przez 5 minut.
2. Dodać szczypiorek i pozostałe składniki, wymieszać, doprowadzić do wrzenia i gotować na średnim ogniu przez 30 minut.
3. Podziel mieszankę między talerze i podawaj.

Odżywianie: kalorie 290, tłuszcz 11,9, błonnik 5,5, węglowodany 16,2, białko 9

Sos Z Kurczaka I Imbiru

Czas przygotowania: 10 minut
Czas gotowania: 35 minut
Porcje: 4

Składniki:
- 1 funt piersi z kurczaka, bez skóry, bez kości i pokrojony w kostkę
- 1 łyżka imbiru, startego
- 1 łyżka oliwy z oliwek
- 2 szalotki, posiekane
- 1 łyżka octu balsamicznego
- Szczypta czarnego pieprzu
- ¾ szklanki bulionu z kurczaka o niskiej zawartości sodu
- 1 łyżka bazylii, posiekanej

Wskazówki:
1. Rozgrzać patelnię z olejem na średnim ogniu, dodać szalotki i imbir, wymieszać i smażyć przez 5 minut.
2. Dodać pozostałe składniki oprócz kurczaka, wymieszać, doprowadzić do wrzenia i gotować jeszcze 5 minut.
3. Dodaj kurczaka, wymieszaj, gotuj całość przez 25 minut, rozłóż na talerzach i podawaj.

Odżywianie: kalorie 294, tłuszcz 15,5, błonnik 3, węglowodany 15,4, białko 13,1

Kurczak i Kukurydza

Czas przygotowania: 10 minut
Czas gotowania: 35 minut
Porcje: 4

Składniki:
- 2 funty piersi z kurczaka, bez skóry, bez kości, przekrojone na pół
- 2 szklanki kukurydzy
- 2 łyżki oleju z awokado
- Szczypta czarnego pieprzu
- 1 łyżeczka wędzonej papryki
- 1 pęczek zielonej cebuli, posiekanej
- 1 szklanka bulionu z kurczaka o niskiej zawartości sodu

Wskazówki:
1. Rozgrzej patelnię z olejem na średnim ogniu, dodaj zieloną cebulę, wymieszaj i smaż przez 5 minut.
2. Dodać kurczaka i smażyć jeszcze przez 5 minut.
3. Dodaj kukurydzę i pozostałe składniki, wymieszaj, włóż patelnię do piekarnika i gotuj w temperaturze 390 stopni F przez 25 minut.
4. Podziel mieszankę między talerze i podawaj.

Odżywianie: kalorie 270, tłuszcz 12,4, błonnik 5,2, węglowodany 12, białko 9

Curry Turcja i Quinoa

Czas przygotowania: 10 minut
Czas gotowania: 40 minut
Porcje: 4

Składniki:
- 1 funt piersi z indyka, bez skóry, bez kości, pokrojony w kostkę
- 1 łyżka oliwy z oliwek
- 1 szklanka komosy ryżowej
- 2 szklanki bulionu z kurczaka o niskiej zawartości sodu
- 1 łyżka soku z limonki
- 1 łyżka natki pietruszki, posiekanej
- Szczypta czarnego pieprzu
- 1 łyżka czerwonej pasty curry

Wskazówki:
1. Rozgrzej patelnię z olejem na średnim ogniu, dodaj mięso i smaż przez 5 minut.
2. Dodać komosę ryżową i pozostałe składniki, wymieszać, doprowadzić do wrzenia i gotować na średnim ogniu przez 35 minut.
3. Podziel wszystko na talerze i podawaj.

Odżywianie: kalorie 310, tłuszcz 8,5, błonnik 11, węglowodany 30,4, białko 16,3

Indyk i kminek pasternak

Czas przygotowania: 10 minut
Czas gotowania: 40 minut
Porcje: 4

Składniki:
- 1 funt piersi z indyka, bez skóry, bez kości, pokrojony w kostkę
- 2 pasternaki, obrane i pokrojone w kostkę
- 2 łyżeczki kminku, mielonego
- 1 łyżka natki pietruszki, posiekanej
- 2 łyżki oleju z awokado
- 2 szalotki, posiekane
- 1 szklanka bulionu z kurczaka o niskiej zawartości sodu
- 4 ząbki czosnku, posiekane
- Szczypta czarnego pieprzu

Wskazówki:
1. Rozgrzej patelnię z olejem na średnim ogniu, dodaj szalotki i czosnek i smaż przez 5 minut.
2. Dodać indyka, wymieszać i gotować jeszcze 5 minut.
3. Dodaj pasternak i pozostałe składniki, wymieszaj, gotuj na średnim ogniu przez kolejne 30 minut, rozłóż na talerzach i podawaj.

Odżywianie: kalorie 284, tłuszcz 18,2, błonnik 4, węglowodany 16,7, białko 12,3

Ciecierzyca z indyka i kolendry

Czas przygotowania: 10 minut
Czas gotowania: 40 minut
Porcje: 4

Składniki:

- 1 szklanka ciecierzycy z puszki, bez dodatku soli, odsączonej
- 1 szklanka bulionu z kurczaka o niskiej zawartości sodu
- 1 funt piersi z indyka, bez skóry, bez kości, pokrojony w kostkę
- Szczypta czarnego pieprzu
- 1 łyżeczka oregano, suszonego
- 1 łyżeczka gałki muszkatołowej, mielonej
- 2 łyżki oliwy z oliwek
- 1 żółta cebula, posiekana
- 1 zielona papryka, posiekana
- 1 szklanka kolendry, posiekanej

Wskazówki:

1. Rozgrzej patelnię z olejem na średnim ogniu, dodaj cebulę, paprykę i mięso i smaż przez 10 minut często mieszając.
2. Dodać pozostałe składniki, wymieszać, doprowadzić do wrzenia i gotować na średnim ogniu przez 30 minut.
3. Podziel mieszankę między talerze i podawaj.

Odżywianie: kalorie 304, tłuszcz 11,2, błonnik 4,5, węglowodany 22,2, białko 17

Indyk i Curry Soczewica

Czas przygotowania: 10 minut
Czas gotowania: 40 minut
Porcje: 4

Składniki:
- 2 funty piersi z indyka, bez skóry, bez kości, pokrojone w kostkę
- 1 szklanka soczewicy z puszki, bez dodatku soli, odsączonej i wypłukanej
- 1 łyżka zielonej pasty curry
- 1 łyżeczka garam masali
- 2 łyżki oliwy z oliwek
- 1 żółta cebula, posiekana
- 1 ząbek czosnku, posiekany
- Szczypta czarnego pieprzu
- 1 łyżka kolendry, posiekanej

Wskazówki:
1. Rozgrzej patelnię z olejem na średnim ogniu, dodaj cebulę, czosnek i mięso i smaż przez 5 minut często mieszając.
2. Dodać soczewicę i pozostałe składniki, doprowadzić do wrzenia i gotować na średnim ogniu przez 35 minut.
3. Podziel mieszankę między talerze i podawaj.

Odżywianie: kalorie 489, tłuszcz 12,1, błonnik 16,4, węglowodany 42,4, białko 51,5

Indyk Z Fasolą I Oliwkami

Czas przygotowania: 10 minut
Czas gotowania: 35 minut
Porcje: 4

Składniki:
- 1 szklanka czarnej fasoli, bez dodatku soli i odsączonej
- 1 szklanka zielonych oliwek, wypestkowanych i przekrojonych na pół
- 1 funt piersi z indyka, bez skóry, bez kości i pokrojony w plastry
- 1 łyżka kolendry, posiekanej
- 1 szklanka sosu pomidorowego, bez dodatku soli
- 1 łyżka oliwy z oliwek

Wskazówki:
1. Nasmaruj olejem naczynie żaroodporne, ułóż w nim plastry indyka, dodaj również pozostałe składniki, włóż do piekarnika i piecz w temperaturze 380 stopni F przez 35 minut.
2. Podziel na talerze i podawaj.

Odżywianie: kalorie 331, tłuszcz 6,4, błonnik 9, węglowodany 38,5, białko 30,7

Quinoa Z Kurczaka I Pomidorów

Czas przygotowania: 10 minut
Czas gotowania: 35 minut
Porcje: 8

Składniki:
- 1 łyżka oliwy z oliwek
- 2 funty piersi z kurczaka, bez skóry, bez kości, przekrojone na pół
- 1 łyżeczka rozmarynu, mielonego
- Szczypta soli i czarnego pieprzu
- 2 szalotki, posiekane
- 1 łyżka oliwy z oliwek
- 3 łyżki niskosodowego sosu pomidorowego
- 2 szklanki komosy ryżowej, już ugotowanej

Wskazówki:
1. Rozgrzej patelnię z olejem na średnim ogniu, dodaj mięso i szalotki i smaż przez 2 minuty z każdej strony.
2. Dodaj rozmaryn i pozostałe składniki, wymieszaj, włóż do piekarnika i gotuj w temperaturze 370 stopni F przez 30 minut.
3. Podziel mieszankę między talerze i podawaj.

Odżywianie: kalorie 406, tłuszcz 14,5, błonnik 3,1, węglowodany 28,1, białko 39

Ziele angielskie Skrzydełka Z Kurczaka

Czas przygotowania: 10 minut
Czas gotowania: 20 minut
Porcje: 4

Składniki:
- 2 funty skrzydełka z kurczaka
- 2 łyżeczki ziela angielskiego, mielonego
- 2 łyżki oleju z awokado
- 5 ząbków czosnku, posiekanych
- Czarny pieprz do smaku
- 2 łyżki szczypiorku, posiekanego

Wskazówki:
1. W misce połącz skrzydełka z kurczaka z ziele angielskie i pozostałymi składnikami i dobrze wymieszaj.
2. Ułóż skrzydełka z kurczaka w brytfannie i piecz w temperaturze 400 stopni F przez 20 minut.
3. Podziel skrzydełka z kurczaka między talerze i podawaj.

Odżywianie: kalorie 449, tłuszcz 17,8, błonnik 0,6, węglowodany 2,4, białko 66,1

Kurczak I Śnieżny Groszek

Czas przygotowania: 10 minut
Czas gotowania: 30 minut
Porcje: 4

Składniki:
- 2 funty piersi z kurczaka, bez skóry, bez kości i pokrojone w kostkę
- 2 szklanki groszku śnieżnego
- 2 łyżki oliwy z oliwek
- 1 czerwona cebula, posiekana
- 1 szklanka sosu pomidorowego z puszki, bez dodatku soli
- 2 łyżki natki pietruszki, posiekanej
- Szczypta czarnego pieprzu

Wskazówki:
1. Rozgrzej patelnię z olejem na średnim ogniu, dodaj cebulę i mięso, smaż przez 5 minut.
2. Dodać groszek i pozostałe składniki, doprowadzić do wrzenia i gotować na średnim ogniu przez 25 minut.
3. Podziel mieszankę między talerze i podawaj.

Odżywianie: kalorie 551, tłuszcz 24,2, błonnik 3,8, węglowodany 11,7, białko 69,4

Mieszanka krewetek i ananasa

Czas przygotowania: 10 minut
Czas gotowania: 10 minut
Porcje: 4

Składniki:
- 1 łyżka oliwy z oliwek
- 1 funt krewetek, obranych i pozbawionych żyłek
- 1 szklanka ananasa, obranego i pokrojonego w kostkę
- Sok z 1 cytryny
- Pęczek natki pietruszki, posiekanej

Wskazówki:
1. Rozgrzej patelnię z olejem na średnim ogniu, włóż krewetki i smaż przez 3 minuty z każdej strony.
2. Dodaj pozostałe składniki, gotuj wszystko jeszcze przez 4 minuty, rozłóż do miseczek i podawaj.

Odżywianie: kalorie 254, tłuszcz 13,3, błonnik 6, węglowodany 14,9, białko 11

Łosoś i Zielone Oliwki

Czas przygotowania: 10 minut
Czas gotowania: 20 minut
Porcje: 4

Składniki:
- 1 żółta cebula, posiekana
- 1 szklanka zielonych oliwek, wypestkowanych i przekrojonych na pół
- 1 łyżeczka chili w proszku
- Czarny pieprz do smaku
- 2 łyżki oliwy z oliwek
- ¼ szklanki bulionu warzywnego o niskiej zawartości sodu
- 4 filety z łososia, bez skóry i kości
- 2 łyżki szczypiorku, posiekanego

Wskazówki:
1. Rozgrzej patelnię z olejem na średnim ogniu, dodaj cebulę i smaż przez 3 minuty.
2. Dodaj łososia i smaż przez 5 minut z każdej strony. Dodaj pozostałe składniki, smaż jeszcze przez 5 minut, rozłóż na talerzach i podawaj.

Odżywianie: kalorie 221, tłuszcz 12,1, błonnik 5,4, węglowodany 8,5, białko 11,2

Łosoś i koper włoski

Czas przygotowania: 5 minut
Czas gotowania: 15 minut
Porcje: 4

Składniki:
- 4 średnie filety z łososia, bez skóry i kości
- 1 bulwa kopru włoskiego, posiekana
- ½ szklanki bulionu warzywnego o niskiej zawartości sodu
- 2 łyżki oliwy z oliwek
- Czarny pieprz do smaku
- ¼ szklanki bulionu warzywnego o niskiej zawartości sodu
- 1 łyżka soku z cytryny
- 1 łyżka kolendry, posiekanej

Wskazówki:
1. Rozgrzej patelnię z olejem na średnim ogniu, dodaj koper włoski i smaż przez 3 minuty.
2. Dodaj rybę i smaż przez 4 minuty z każdej strony.
3. Dodaj pozostałe składniki, gotuj wszystko jeszcze przez 4 minuty, rozłóż na talerzach i podawaj.

Odżywianie: kalorie 252, tłuszcz 9,3, błonnik 4,2, węglowodany 12,3, białko 9

Dorsz i Szparagi

Czas przygotowania: 10 minut
Czas gotowania: 14 minut
Porcje: 4

Składniki:
- 1 łyżka oliwy z oliwek
- 1 czerwona cebula, posiekana
- 1 funt filetów z dorsza, bez kości
- 1 pęczek szparagów, pokrojonych
- Czarny pieprz do smaku
- 1 szklanka kremu kokosowego
- 1 łyżka szczypiorku, posiekanego

Wskazówki:
1. Rozgrzej patelnię z olejem na średnim ogniu, dodaj cebulę i dorsza i smaż przez 3 minuty z każdej strony.
2. Dodaj pozostałe składniki, gotuj wszystko jeszcze przez 8 minut, rozłóż na talerzach i podawaj.

Odżywianie: kalorie 254, tłuszcz 12,1, błonnik 5,4, węglowodany 4,2, białko 13,5

Przyprawione Krewetki

Czas przygotowania: 5 minut
Czas gotowania: 8 minut
Porcje: 4

Składniki:
- 1 łyżeczka czosnku w proszku
- 1 łyżeczka wędzonej papryki
- 1 łyżeczka kminku, mielonego
- 1 łyżeczka ziela angielskiego, mielonego
- 2 łyżki oliwy z oliwek
- 2 funty krewetek, obranych i pozbawionych żyłek
- 1 łyżka szczypiorku, posiekanego

Wskazówki:
1. Rozgrzej patelnię z olejem na średnim ogniu, dodaj krewetki, czosnek w proszku i pozostałe składniki, smaż przez 4 minuty z każdej strony, rozłóż do miseczek i podawaj.

Odżywianie: kalorie 212, tłuszcz 9,6, błonnik 5,3, węglowodany 12,7, białko 15,4

Okoń morski i pomidory

Czas przygotowania: 10 minut
Czas gotowania: 30 minut
Porcje: 4

Składniki:
- 2 łyżki oliwy z oliwek
- 2 funty filetów z okonia morskiego, bez skóry i kości
- Czarny pieprz do smaku
- 2 szklanki pomidorków koktajlowych, przekrojonych na pół
- 1 łyżka szczypiorku, posiekanego
- 1 łyżka skórki z cytryny, startej
- ¼ szklanki soku z cytryny

Wskazówki:
1. Nasmaruj brytfannę olejem i ułóż w niej rybę.
2. Dodaj pomidory i pozostałe składniki, włóż patelnię do piekarnika i piecz w temperaturze 380 stopni F przez 30 minut.
3. Podziel wszystko na talerze i podawaj.

Odżywianie: kalorie 272, tłuszcz 6,9, błonnik 6,2, węglowodany 18,4, białko 9

Krewetki I Fasola

Czas przygotowania: 10 minut
Czas gotowania: 12 minut
Porcje: 4

Składniki:
- 1 funt krewetek, oczyszczonych i obranych
- 1 łyżka oliwy z oliwek
- Sok z 1 limonki
- 1 szklanka czarnej fasoli z puszki, bez dodatku soli, odsączonej
- 1 szalotka, posiekana
- 1 łyżka oregano, posiekanego
- 2 ząbki czosnku, posiekane
- Czarny pieprz do smaku

Wskazówki:
1. Rozgrzać patelnię z olejem na średnim ogniu, dodać szalotkę i czosnek, wymieszać i smażyć przez 3 minuty.
2. Dodaj krewetki i smaż przez 2 minuty z każdej strony.
3. Dodaj fasolę i pozostałe składniki, gotuj wszystko na średnim ogniu jeszcze przez 5 minut, rozłóż do miseczek i podawaj.

Odżywianie: kalorie 253, tłuszcz 11,6, błonnik 6, węglowodany 14,5, białko 13,5

Mieszanka Krewetek I Chrzanu

Czas przygotowania: 5 minut
Czas gotowania: 8 minut
Porcje: 4

Składniki:
- 1 funt krewetek, obranych i pozbawionych żyłek
- 2 szalotki, posiekane
- 1 łyżka oliwy z oliwek
- 1 łyżka szczypiorku, posiekanego
- 2 łyżeczki przygotowanego chrzanu
- ¼ szklanki śmietanki kokosowej
- Czarny pieprz do smaku

Wskazówki:
4 Rozgrzej patelnię z olejem na średnim ogniu, dodaj szalotki i chrzan, wymieszaj i smaż przez 2 minuty.
5 Dodać krewetki i pozostałe składniki, wymieszać, gotować jeszcze 6 minut, rozłożyć na talerzach i podawać.

Odżywianie: kalorie 233, tłuszcz 6, błonnik 5, węglowodany 11,9, białko 5,4

Sałatka z krewetek i estragonu

Czas przygotowania: 4 minuty
Czas gotowania: 0 minut
Porcje: 4

Składniki:
- 1 funt krewetek, ugotowanych, obranych i pozbawionych żyłek
- 1 łyżka estragonu, posiekanego
- 1 łyżka kaparów, odsączonych
- 2 łyżki oliwy z oliwek
- Czarny pieprz do smaku
- 2 szklanki szpinaku baby
- 1 łyżka octu balsamicznego
- 1 mała czerwona cebula, pokrojona w plasterki
- 2 łyżki soku z cytryny

Wskazówki:
4 W misce połącz krewetki z estragonem i pozostałymi składnikami, wymieszaj i podawaj.

Odżywianie: kalorie 258, tłuszcz 12,4, błonnik 6, węglowodany 6,7, białko 13,3

Mieszanka dorsza z parmezanem

Czas przygotowania: 10 minut
Czas gotowania: 20 minut
Porcje: 4

Składniki:
- 4 filety z dorsza, bez kości
- ½ szklanki niskotłuszczowego parmezanu, posiekanego
- 3 ząbki czosnku, posiekane
- 1 łyżka oliwy z oliwek
- 1 łyżka soku z cytryny
- ½ szklanki zielonej cebuli, posiekanej

Wskazówki:
1. Rozgrzej patelnię z olejem na średnim ogniu, dodaj czosnek i zieloną cebulę, wymieszaj i smaż przez 5 minut.
2. Dodaj rybę i smaż przez 4 minuty z każdej strony.
3. Dodaj sok z cytryny, posyp parmezanem, gotuj wszystko jeszcze przez 2 minuty, rozłóż na talerzach i podawaj.

Odżywianie: kalorie 275, tłuszcz 22,1, błonnik 5, węglowodany 18,2, białko 12

Mieszanka tilapii i czerwonej cebuli

Czas przygotowania: 10 minut
Czas gotowania: 15 minut
Porcje: 4

Składniki:
- 4 filety z tilapii, bez kości
- 2 łyżki oliwy z oliwek
- 1 łyżka soku z cytryny
- 2 łyżeczki startej skórki z cytryny
- 2 czerwone cebule, grubo posiekane
- 3 łyżki szczypiorku, posiekanego

Wskazówki:
1. Rozgrzej patelnię z olejem na średnim ogniu, dodaj cebulę, skórkę z cytryny i sok z cytryny, wymieszaj i smaż przez 5 minut.
2. Dodaj rybę i szczypiorek, smaż przez 5 minut z każdej strony, rozłóż na talerzach i podawaj.

Odżywianie: kalorie 254, tłuszcz 18,2, błonnik 5,4, węglowodany 11,7, białko 4,5

Sałatka z Pstrąga

Czas przygotowania: 6 minut
Czas gotowania: 0 minut
Porcje: 4

Składniki:
- 4 uncje wędzonego pstrąga, bez skóry, bez kości i pokrojone w kostkę
- 1 łyżka soku z limonki
- 1/3 szklanki beztłuszczowego jogurtu
- 2 awokado, obrane, pozbawione pestek i pokrojone w kostkę
- 3 łyżki szczypiorku, posiekanego
- Czarny pieprz do smaku
- 1 łyżka oliwy z oliwek

Wskazówki:
1. W misce połącz pstrąga z awokado i pozostałymi składnikami, wymieszaj i podawaj.

Odżywianie: kalorie 244, tłuszcz 9,45, błonnik 5,6, węglowodany 8,5, białko 15

Pstrąg balsamiczny

Czas przygotowania: 5 minut
Czas gotowania: 15 minut
Porcje: 4

Składniki:
- 3 łyżki octu balsamicznego
- 2 łyżki oliwy z oliwek
- 4 filety z pstrąga, bez kości
- 3 łyżki natki pietruszki, drobno posiekanej
- 2 ząbki czosnku, posiekane

Wskazówki:
1. Rozgrzej patelnię z olejem na średnim ogniu, włóż pstrąga i smaż przez 6 minut z każdej strony.
2. Dodaj pozostałe składniki, gotuj jeszcze przez 3 minuty, rozłóż na talerzach i podawaj z sałatką boczną.

Odżywianie: kalorie 314, tłuszcz 14,3, błonnik 8,2, węglowodany 14,8, białko 11,2

Pietruszka Łosoś

Czas przygotowania: 5 minut
Czas gotowania: 12 minut
Porcje: 4

Składniki:
- 2 dymki, posiekane
- 2 łyżeczki soku z limonki
- 1 łyżka szczypiorku, posiekanego
- 1 łyżka oliwy z oliwek
- 4 filety z łososia, bez kości
- Czarny pieprz do smaku
- 2 łyżki natki pietruszki, posiekanej

Wskazówki:
1. Rozgrzać patelnię z olejem na średnim ogniu, dodać dymkę, wymieszać i smażyć przez 2 minuty.
2. Dodaj łososia i pozostałe składniki, smaż przez 5 minut z każdej strony, rozłóż na talerzach i podawaj.

Odżywianie: kalorie 290, tłuszcz 14,4, błonnik 5,6, węglowodany 15,6, białko 9,5

Sałatka Z Pstrąga I Warzyw

Czas przygotowania: 5 minut
Czas gotowania: 0 minut
Porcje: 4

Składniki:
- 2 łyżki oliwy z oliwek
- ½ szklanki oliwek kalamata, wypestkowanych i posiekanych
- Czarny pieprz do smaku
- 1 funt wędzonego pstrąga, bez kości, bez skóry i pokrojony w kostkę
- ½ łyżeczki startej skórki z cytryny
- 1 łyżka soku z cytryny
- 1 szklanka pomidorków koktajlowych, przekrojonych na pół
- ½ czerwonej cebuli, pokrojonej w plasterki
- 2 szklanki młodej rukoli

Wskazówki:
1. W misce wymieszaj wędzonego pstrąga z oliwkami, czarnym pieprzem i pozostałymi składnikami, wymieszaj i podawaj.

Odżywianie: kalorie 282, tłuszcz 13,4, błonnik 5,3, węglowodany 11,6, białko 5,6

szafranowy łosoś

Czas przygotowania: 10 minut
Czas gotowania: 12 minut
Porcje: 4

Składniki:
- Czarny pieprz do smaku
- ½ łyżeczki słodkiej papryki
- 4 filety z łososia, bez kości
- 3 łyżki oliwy z oliwek
- 1 żółta cebula, posiekana
- 2 ząbki czosnku, posiekane
- ¼ łyżeczki szafranu w proszku

Wskazówki:
1. Rozgrzej patelnię z olejem na średnim ogniu, dodaj cebulę i czosnek, wymieszaj i smaż przez 2 minuty.
2. Dodaj łososia i pozostałe składniki, smaż przez 5 minut z każdej strony, rozłóż na talerzach i podawaj.

Odżywianie: kalorie 339, tłuszcz 21,6, błonnik 0,7, węglowodany 3,2, białko 35

Sałatka Z Krewetek I Arbuza

Czas przygotowania: 10 minut
Czas gotowania: 0 minut
Porcje: 4

Składniki:
- ¼ szklanki bazylii, posiekanej
- 2 szklanki arbuza, obranego i pokrojonego w kostkę
- 2 łyżki octu balsamicznego
- 2 łyżki oliwy z oliwek
- 1 funt krewetek, obranych, pozbawionych żyłek i ugotowanych
- Czarny pieprz do smaku
- 1 łyżka natki pietruszki, posiekanej

Wskazówki:
1. W misce połącz krewetki z arbuzem i pozostałymi składnikami, wymieszaj i podawaj.

Odżywianie: kalorie 220, tłuszcz 9, błonnik 0,4, węglowodany 7,6, białko 26,4

Sałatka Z Oregano Z Krewetkami I Quinoa

Czas przygotowania: 5 minut
Czas gotowania: 8 minut
Porcje: 4

Składniki:
- 1 funt krewetek, obranych i pozbawionych żyłek
- 1 szklanka komosy ryżowej, ugotowanej
- Czarny pieprz do smaku
- 1 łyżka oliwy z oliwek
- 1 łyżka oregano, posiekanego
- 1 czerwona cebula, posiekana
- Sok z 1 cytryny

Wskazówki:
1. Rozgrzać patelnię z olejem na średnim ogniu, dodać cebulę, wymieszać i smażyć przez 2 minuty.
2. Dodaj krewetki, wymieszaj i gotuj przez 5 minut.
3. Dodać pozostałe składniki, wymieszać, wszystko rozłożyć do miseczek i podawać.

Odżywianie: kalorie 336, tłuszcz 8,2, błonnik 4,1, węglowodany 32,3, białko 32,3

Sałatka krabowa

Czas przygotowania: 10 minut
Czas gotowania: 0 minut
Porcje: 4

Składniki:
- 1 łyżka oliwy z oliwek
- 2 szklanki mięsa kraba
- Czarny pieprz do smaku
- 1 szklanka pomidorków koktajlowych, przekrojonych na pół
- 1 szalotka, posiekana
- 1 łyżka soku z cytryny
- 1/3 szklanki kolendry, posiekanej

Wskazówki:
1. W misce połącz kraba z pomidorami i pozostałymi składnikami, wymieszaj i podawaj.

Odżywianie: kalorie 54, tłuszcz 3,9, błonnik 0,6, węglowodany 2,6, białko 2,3

Przegrzebki balsamiczne

Czas przygotowania: 4 minuty
Czas gotowania: 6 minut
Porcje: 4

Składniki:
- 12 uncji morskich przegrzebków
- 2 łyżki oliwy z oliwek
- 2 ząbki czosnku, posiekane
- 1 łyżka octu balsamicznego
- 1 szklanka cebuli, pokrojonej w plasterki
- 2 łyżki kolendry, posiekanej

Wskazówki:
1. Rozgrzej patelnię z olejem na średnim ogniu, dodaj cebulę i czosnek i smaż przez 2 minuty.
2. Dodaj przegrzebki i pozostałe składniki, smaż przez 2 minuty z każdej strony, rozłóż na talerzach i podawaj.

Odżywianie: kalorie 146, tłuszcz 7,7, błonnik 0,7, węglowodany 4,4, białko 14,8

Kremowa Mieszanka Flądry

Czas przygotowania: 10 minut
Czas gotowania: 20 minut
Porcje: 4

Składniki:
- 2 łyżki oliwy z oliwek
- 1 czerwona cebula, posiekana
- Czarny pieprz do smaku
- ½ szklanki bulionu warzywnego o niskiej zawartości sodu
- 4 filety z flądry, bez kości
- ½ szklanki śmietanki kokosowej
- 1 łyżka koperku, posiekanego

Wskazówki:
1. Rozgrzać patelnię z olejem na średnim ogniu, dodać cebulę, wymieszać i smażyć przez 5 minut.
2. Dodaj rybę i smaż przez 4 minuty z każdej strony.
3. Dodaj pozostałe składniki, gotuj jeszcze przez 7 minut, rozłóż na talerzach i podawaj.

Odżywianie: kalorie 232, tłuszcz 12,3, błonnik 4, węglowodany 8,7, białko 12

Pikantna mieszanka łososia i mango

Czas przygotowania: 5 minut
Czas gotowania: 0 minut
Porcje: 4

Składniki:
- 1 funt wędzonego łososia, bez kości, bez skóry i płatków
- Czarny pieprz do smaku
- 1 czerwona cebula, posiekana
- 1 mango, obrane, bez pestek i posiekane
- 2 papryczki jalapeno, posiekane
- ¼ szklanki natki pietruszki, posiekanej
- 3 łyżki soku z limonki
- 1 łyżka oliwy z oliwek

Wskazówki:
2. W misce wymieszaj łososia z czarnym pieprzem i pozostałymi składnikami, wymieszaj i podawaj.

Odżywianie: kalorie 323, tłuszcz 14,2, błonnik 4, węglowodany 8,5, białko 20,4

Mieszanka Krewetek Koperkowych

Czas przygotowania: 5 minut
Czas gotowania: 0 minut
Porcje: 4

Składniki:

- 2 łyżeczki soku z cytryny
- 1 łyżka oliwy z oliwek
- 1 łyżka koperku, posiekanego
- 1 funt krewetek, ugotowanych, obranych i pozbawionych żyłek
- Czarny pieprz do smaku
- 1 szklanka rzodkiewek, pokrojonych w kostkę

Wskazówki:

1. W misce połącz krewetki z sokiem z cytryny i pozostałymi składnikami, wymieszaj i podawaj.

Odżywianie: kalorie 292, tłuszcz 13, błonnik 4,4, węglowodany 8, białko 16,4

Pasztet z Łososia

Czas przygotowania: 4 minuty
Czas gotowania: 0 minut
Porcje: 6

Składniki:

- 6 uncji wędzonego łososia, bez kości, bez skóry i rozdrobnionego
- 2 łyżki beztłuszczowego jogurtu
- 3 łyżeczki soku z cytryny
- 2 dymki, posiekane
- 8 uncji niskotłuszczowego sera śmietankowego
- ¼ szklanki kolendry, posiekanej

Wskazówki:

1. W misce wymieszaj łososia z jogurtem i pozostałymi składnikami, wymieszaj i podawaj na zimno.

Odżywianie: kalorie 272, tłuszcz 15,2, błonnik 4,3, węglowodany 16,8, białko 9,9

Krewetki Z Karczochami

Czas przygotowania: 4 minuty
Czas gotowania: 8 minut
Porcje: 4

Składniki:
- 2 zielone cebule, posiekane
- 1 szklanka karczochów z puszki, bez dodatku soli, odsączonych i pokrojonych na ćwiartki
- 2 łyżki kolendry, posiekanej
- 1 funt krewetek, obranych i pozbawionych żyłek
- 1 szklanka pomidorków koktajlowych, pokrojonych w kostkę
- 1 łyżka oliwy z oliwek
- 1 łyżka octu balsamicznego
- Szczypta soli i czarnego pieprzu

Wskazówki:
1. Rozgrzej patelnię z olejem na średnim ogniu, dodaj cebulę i karczochy, wymieszaj i smaż przez 2 minuty.
2. Dodaj krewetki, wymieszaj i gotuj na średnim ogniu przez 6 minut.
3. Rozłóż wszystko do miseczek i podawaj.

Odżywianie: kalorie 260, tłuszcz 8,23, błonnik 3,8, węglowodany 14,3, białko 12,4

Krewetki Z Sosem Cytrynowym

Czas przygotowania: 5 minut
Czas gotowania: 8 minut
Porcje: 4

Składniki:
- 1 funt krewetek, obranych i pozbawionych żyłek
- 2 łyżki oliwy z oliwek
- Skórka otarta z 1 cytryny
- Sok z ½ cytryny
- 1 łyżka szczypiorku, posiekanego

Wskazówki:
1. Rozgrzej patelnię z olejem na średnim ogniu, dodaj skórkę z cytryny, sok z cytryny i kolendrę, wymieszaj i smaż przez 2 minuty.
2. Dodaj krewetki, gotuj wszystko jeszcze przez 6 minut, rozłóż na talerzach i podawaj.

Odżywianie: kalorie 195, tłuszcz 8,9, błonnik 0, węglowodany 1,8, białko 25,9

Mieszanka tuńczyka i pomarańczy

Czas przygotowania: 5 minut
Czas gotowania: 12 minut
Porcje: 4

Składniki:
- 4 filety z tuńczyka, bez kości
- Czarny pieprz do smaku
- 2 łyżki oliwy z oliwek
- 2 szalotki, posiekane
- 3 łyżki soku pomarańczowego
- 1 pomarańcza, obrana i pokrojona w cząstki
- 1 łyżka oregano, posiekanego

Wskazówki:
1. Rozgrzej patelnię z olejem na średnim ogniu, dodaj szalotki, wymieszaj i smaż przez 2 minuty.
2. Dodaj tuńczyka i pozostałe składniki, gotuj wszystko jeszcze przez 10 minut, rozłóż na talerzach i podawaj.

Odżywianie: kalorie 457, tłuszcz 38,2, błonnik 1,6, węglowodany 8,2, białko 21,8

curry z łososia

Czas przygotowania: 10 minut
Czas gotowania: 20 minut
Porcje: 4

Składniki:
- 1 funt filetu z łososia, bez kości i pokrojony w kostkę
- 3 łyżki czerwonej pasty curry
- 1 czerwona cebula, posiekana
- 1 łyżeczka słodkiej papryki
- 1 szklanka kremu kokosowego
- 1 łyżka oliwy z oliwek
- Czarny pieprz do smaku
- ½ szklanki bulionu z kurczaka o niskiej zawartości sodu
- 3 łyżki bazylii, posiekanej

Wskazówki:
1. Rozgrzej patelnię z olejem na średnim ogniu, dodaj cebulę, paprykę i pastę curry, wymieszaj i smaż przez 5 minut.
2. Dodać łososia i pozostałe składniki, delikatnie wymieszać, gotować na średnim ogniu przez 15 minut, rozłożyć do miseczek i podawać.

Odżywianie: kalorie 377, tłuszcz 28,3, błonnik 2,1, węglowodany 8,5, białko 23,9

Mieszanka łososia i marchwi

Czas przygotowania: 10 minut
Czas gotowania: 15 minut
Porcje: 4

Składniki:
- 4 filety z łososia, bez kości
- 1 czerwona cebula, posiekana
- 2 marchewki, pokrojone
- 2 łyżki oliwy z oliwek
- 2 łyżki octu balsamicznego
- Czarny pieprz do smaku
- 2 łyżki szczypiorku, posiekanego
- ¼ szklanki bulionu warzywnego o niskiej zawartości sodu

Wskazówki:
1. Rozgrzej patelnię z olejem na średnim ogniu, dodaj cebulę i marchewkę, wymieszaj i smaż przez 5 minut.
2. Dodaj łososia i pozostałe składniki, gotuj wszystko jeszcze przez 10 minut, rozłóż na talerzach i podawaj.

Odżywianie: kalorie 322, tłuszcz 18, błonnik 1,4, węglowodany 6, białko 35,2

Mieszanka Krewetek I Orzechów Sosny

Czas przygotowania: 10 minut
Czas gotowania: 10 minut
Porcje: 4

Składniki:
- 1 funt krewetek, obranych i pozbawionych żyłek
- 2 łyżki orzeszków piniowych
- 1 łyżka soku z limonki
- 2 łyżki oliwy z oliwek
- 3 ząbki czosnku, posiekane
- Czarny pieprz do smaku
- 1 łyżka tymianku, posiekanego
- 2 łyżki szczypiorku, drobno posiekanego

Wskazówki:
1. Rozgrzej patelnię z olejem na średnim ogniu, dodaj czosnek, tymianek, orzeszki piniowe i sok z limonki, wymieszaj i smaż przez 3 minuty.
2. Dodać krewetki, czarny pieprz i szczypiorek, wymieszać, gotować jeszcze 7 minut, rozdzielić na talerze i podawać.

Odżywianie: kalorie 290, tłuszcz 13, błonnik 4,5, węglowodany 13,9, białko 10

Chili Dorsz I Zielona Fasola

Czas przygotowania: 10 minut
Czas gotowania: 14 minut
Porcje: 4

Składniki:
- 4 filety z dorsza, bez kości
- ½ funta zielonej fasoli, przyciętej i przekrojonej na pół
- 1 łyżka soku z limonki
- 1 łyżka startej skórki z limonki
- 1 żółta cebula, posiekana
- 2 łyżki oliwy z oliwek
- 1 łyżeczka kminku, mielonego
- 1 łyżeczka chili w proszku
- ½ szklanki bulionu warzywnego o niskiej zawartości sodu
- Szczypta soli i czarnego pieprzu

Wskazówki:
1. Rozgrzej patelnię z olejem na średnim ogniu, dodaj cebulę, wymieszaj i smaż przez 2 minuty.
2. Dodaj rybę i smaż przez 3 minuty z każdej strony.
3. Dodaj fasolkę szparagową i pozostałe składniki, delikatnie wymieszaj, gotuj jeszcze przez 7 minut, rozłóż na talerzach i podawaj.

Odżywianie: kalorie 220, tłuszcz 13, węglowodany 14,3, błonnik 2,3, białko 12

Czosnkowe Przegrzebki

Czas przygotowania: 5 minut
Czas gotowania: 8 minut
Porcje: 4

Składniki:
- 12 przegrzebków
- 1 czerwona cebula, pokrojona w plasterki
- 2 łyżki oliwy z oliwek
- ½ łyżeczki czosnku, posiekanego
- 2 łyżki soku z cytryny
- Czarny pieprz do smaku
- 1 łyżeczka octu balsamicznego

Wskazówki:
1. Rozgrzej patelnię z olejem na średnim ogniu, dodaj cebulę i czosnek i smaż przez 2 minuty.
2. Dodaj przegrzebki i pozostałe składniki, gotuj na średnim ogniu jeszcze przez 6 minut, rozłóż na talerzach i podawaj gorące.

Odżywianie: kalorie 259, tłuszcz 8, błonnik 3, węglowodany 5,7, białko 7

Kremowa mieszanka okonia morskiego

Czas przygotowania: 10 minut
Czas gotowania: 14 minut
Porcje: 4

Składniki:
- 4 filety z okonia morskiego, bez kości
- 1 szklanka kremu kokosowego
- 1 żółta cebula, posiekana
- 1 łyżka soku z limonki
- 2 łyżki oleju z awokado
- 1 łyżka natki pietruszki, posiekanej
- Szczypta czarnego pieprzu

Wskazówki:
1. Rozgrzać patelnię z olejem na średnim ogniu, dodać cebulę, wymieszać i smażyć przez 2 minuty.
2. Dodaj rybę i smaż przez 4 minuty z każdej strony.
3. Dodaj pozostałe składniki, gotuj wszystko jeszcze przez 4 minuty, rozłóż na talerzach i podawaj.

Odżywianie: kalorie 283, tłuszcz 12,3, błonnik 5, węglowodany 12,5, białko 8

Mieszanka okonia morskiego i grzybów

Czas przygotowania: 10 minut
Czas gotowania: 13 minut
Porcje: 4

Składniki:
- 4 filety z okonia morskiego, bez kości
- 2 łyżki oliwy z oliwek
- Czarny pieprz do smaku
- ½ szklanki białych pieczarek, pokrojonych w plasterki
- 1 czerwona cebula, posiekana
- 2 łyżki octu balsamicznego
- 3 łyżki kolendry, posiekanej

Wskazówki:
1. Rozgrzej patelnię z olejem na średnim ogniu, dodaj cebulę i pieczarki, wymieszaj i smaż przez 5 minut.
2. Dodaj rybę i pozostałe składniki, smaż przez 4 minuty z każdej strony, rozłóż wszystko na talerzach i podawaj.

Odżywianie: kalorie 280, tłuszcz 12,3, błonnik 8, węglowodany 13,6, białko 14,3

Zupa z Łososia

Czas przygotowania: 5 minut
Czas gotowania: 20 minut
Porcje: 4

Składniki:
- 1 funt filetów z łososia, bez kości, bez skóry i pokrojonych w kostkę
- 1 szklanka żółtej cebuli, posiekanej
- 2 łyżki oliwy z oliwek
- Czarny pieprz do smaku
- 2 szklanki bulionu warzywnego o niskiej zawartości sodu
- 1 i ½ szklanki pomidorów, posiekanych
- 1 łyżka bazylii, posiekanej

Wskazówki:
1. Rozgrzej garnek z olejem na średnim ogniu, dodaj cebulę, wymieszaj i smaż przez 5 minut.
2. Dodać łososia i pozostałe składniki, doprowadzić do wrzenia i gotować na średnim ogniu przez 15 minut.
3. Rozłóż zupę do miseczek i podawaj.

Odżywianie: kalorie 250, tłuszcz 12,2, błonnik 5, węglowodany 8,5, białko 7

Krewetki Gałka Muszkatołowa

Czas przygotowania: 3 minuty
Czas gotowania: 6 minut
Porcje: 4

Składniki:
- 1 funt krewetek, obranych i pozbawionych żyłek
- 2 łyżki oliwy z oliwek
- 1 łyżka soku z cytryny
- 1 łyżka gałki muszkatołowej, mielonej
- Czarny pieprz do smaku
- 1 łyżka kolendry, posiekanej

Wskazówki:
1. Rozgrzej patelnię z olejem na średnim ogniu, dodaj krewetki, sok z cytryny i pozostałe składniki, wymieszaj, gotuj przez 6 minut, rozłóż do miseczek i podawaj.

Odżywianie: kalorie 205, tłuszcz 9,6, błonnik 0,4, węglowodany 2,7, białko 26

Mieszanka Krewetek I Jagód

Czas przygotowania: 4 minuty
Czas gotowania: 6 minut
Porcje: 4

Składniki:
- 1 funt krewetek, obranych i pozbawionych żyłek
- ½ szklanki pomidorów, pokrojonych w kostkę
- 2 łyżki oliwy z oliwek
- 1 łyżka octu balsamicznego
- ½ szklanki truskawek, posiekanych
- Czarny pieprz do smaku

Wskazówki:
1. Rozgrzej patelnię z olejem na średnim ogniu, dodaj krewetki, wymieszaj i smaż przez 3 minuty.
2. Dodać pozostałe składniki, wymieszać, gotować jeszcze 3-4 minuty, rozłożyć do miseczek i podawać.

Odżywianie: kalorie 205, tłuszcz 9, błonnik 0,6, węglowodany 4, białko 26,2

Pieczony Pstrąg Cytrynowy

Czas przygotowania: 10 minut
Czas gotowania: 30 minut
Porcje: 4

Składniki:

- 4 pstrągi
- 1 łyżka skórki z cytryny, startej
- 2 łyżki oliwy z oliwek
- 2 łyżki soku z cytryny
- Szczypta czarnego pieprzu
- 2 łyżki kolendry, posiekanej

Wskazówki:

1. W naczyniu do zapiekania połączyć rybę ze skórką z cytryny i pozostałymi składnikami i natrzeć.
2. Piec w temperaturze 370 stopni F przez 30 minut, podzielić na talerze i podawać.

Odżywianie: kalorie 264, tłuszcz 12,3, błonnik 5, węglowodany 7, białko 11

Szczypiorek Przegrzebki

Czas przygotowania: 3 minuty
Czas gotowania: 4 minuty
Porcje: 4

Składniki:
- 12 przegrzebków
- 2 łyżki oliwy z oliwek
- Czarny pieprz do smaku
- 2 łyżki szczypiorku, posiekanego
- 1 łyżka słodkiej papryki

Wskazówki:
1. Rozgrzej patelnię z olejem na średnim ogniu, dodaj przegrzebki, paprykę i pozostałe składniki i smaż przez 2 minuty z każdej strony.
2. Podziel na talerze i podawaj z sałatką boczną.

Odżywianie: kalorie 215, tłuszcz 6, błonnik 5, węglowodany 4,5, białko 11

Klopsiki z Tuńczyka

Czas przygotowania: 10 minut
Czas gotowania: 30 minut
Porcje: 4

Składniki:
- 2 łyżki oliwy z oliwek
- 1 funt tuńczyka, bez skóry, bez kości i mielony
- 1 żółta cebula, posiekana
- ¼ szklanki szczypiorku, posiekanego
- 1 jajko, roztrzepane
- 1 łyżka mąki kokosowej
- Szczypta soli i czarnego pieprzu

Wskazówki:
1. W misce wymieszaj tuńczyka z cebulą i pozostałymi składnikami oprócz oleju, dobrze wymieszaj i uformuj z tej mieszanki średnie klopsiki.
2. Ułóż klopsiki na blasze do pieczenia, posmaruj je olejem, włóż do piekarnika nagrzanego do 350 stopni F, piecz przez 30 minut, podziel na talerze i podawaj.

Odżywianie: kalorie 291, tłuszcz 14,3, błonnik 5, węglowodany 12,4, białko 11

patelnia z łososiem

Czas przygotowania: 10 minut
Czas gotowania: 12 minut
Porcje: 4

Składniki:

- 4 filety z łososia, bez kości i z grubsza pokrojone w kostkę
- 2 łyżki oliwy z oliwek
- 1 czerwona papryka, pokrojona w paski
- 1 cukinia, z grubsza pokrojona w kostkę
- 1 bakłażan, z grubsza pokrojony w kostkę
- 1 łyżka soku z cytryny
- 1 łyżka koperku, posiekanego
- ¼ szklanki bulionu warzywnego o niskiej zawartości sodu
- 1 łyżeczka czosnku w proszku
- Szczypta czarnego pieprzu

Wskazówki:

1. Rozgrzej patelnię z olejem na średnim ogniu, dodaj paprykę, cukinię i bakłażana, wymieszaj i smaż przez 3 minuty.
2. Dodaj łososia i pozostałe składniki, delikatnie wymieszaj, gotuj wszystko jeszcze przez 9 minut, rozłóż na talerzach i podawaj.

Odżywianie: kalorie 348, tłuszcz 18,4, błonnik 5,3, węglowodany 11,9, białko 36,9

Mieszanka musztardowo-dorszowa

Czas przygotowania: 10 minut
Czas gotowania: 25 minut
Porcje: 4

Składniki:
- 4 filety z dorsza, bez skóry i kości
- Szczypta czarnego pieprzu
- 1 łyżeczka imbiru, startego
- 1 łyżka musztardy
- 2 łyżki oliwy z oliwek
- 1 łyżeczka suszonego tymianku
- ¼ łyżeczki kminku, mielonego
- 1 łyżeczka kurkumy w proszku
- ¼ szklanki kolendry, posiekanej
- 1 szklanka bulionu warzywnego o niskiej zawartości sodu
- 3 ząbki czosnku, posiekane

Wskazówki:
1. Na brytfannie połącz dorsza z czarnym pieprzem, imbirem i pozostałymi składnikami, delikatnie wymieszaj i piecz w temperaturze 380 stopni F przez 25 minut.
2. Podziel mieszankę między talerze i podawaj.

Odżywianie: kalorie 176, tłuszcz 9, błonnik 1, węglowodany 3,7, białko 21,2

Mieszanka Krewetek I Szparagów

Czas przygotowania: 10 minut
Czas gotowania: 14 minut
Porcje: 4

Składniki:
- 1 pęczek szparagów, przekrojony na pół
- 1 funt krewetek, obranych i pozbawionych żyłek
- Czarny pieprz do smaku
- 2 łyżki oliwy z oliwek
- 1 czerwona cebula, posiekana
- 2 ząbki czosnku, posiekane
- 1 szklanka kremu kokosowego

Wskazówki:
1. Rozgrzej patelnię z olejem na średnim ogniu, dodaj cebulę, czosnek i szparagi, wymieszaj i smaż przez 4 minuty.
2. Dodaj krewetki i pozostałe składniki, wymieszaj, gotuj na średnim ogniu przez 10 minut, przełóż wszystko do miseczek i podawaj.

Odżywianie: kalorie 225, tłuszcz 6, błonnik 3,4, węglowodany 8,6, białko 8

Dorsz I Groch

Czas przygotowania: 10 minut
Czas gotowania: 20 minut
Porcje: 4

Składniki:

- 1 żółta cebula, posiekana
- 2 łyżki oliwy z oliwek
- ½ szklanki bulionu z kurczaka o niskiej zawartości sodu
- 4 filety z dorsza, bez kości, bez skóry
- Czarny pieprz do smaku
- 1 szklanka groszku śnieżnego

Wskazówki:

1. Rozgrzej garnek z olejem na średnim ogniu, dodaj cebulę, wymieszaj i smaż przez 4 minuty.
2. Dodaj rybę i smaż przez 3 minuty z każdej strony.
3. Dodaj groszek śnieżny i pozostałe składniki, gotuj wszystko jeszcze przez 10 minut, rozłóż na talerzach i podawaj.

Odżywianie: kalorie 240, tłuszcz 8,4, błonnik 2,7, węglowodany 7,6, białko 14

Miski z krewetkami i małżami

Czas przygotowania: 5 minut
Czas gotowania: 12 minut
Porcje: 4

Składniki:
- 1 funt małży, wyszorowanych
- ½ szklanki bulionu z kurczaka o niskiej zawartości sodu
- 1 funt krewetek, obranych i pozbawionych żyłek
- 2 szalotki, posiekane
- 1 szklanka pomidorków koktajlowych, pokrojonych w kostkę
- 2 ząbki czosnku, posiekane
- 1 łyżka oliwy z oliwek
- Sok z 1 cytryny

Wskazówki:
1. Rozgrzej patelnię z olejem na średnim ogniu, dodaj szalotki i czosnek i smaż przez 2 minuty.
2. Dodaj krewetki, małże i pozostałe składniki, gotuj wszystko na średnim ogniu przez 10 minut, rozłóż do miseczek i podawaj.

Odżywianie: kalorie 240, tłuszcz 4,9, błonnik 2,4, węglowodany 11,6, białko 8

Przepisy na deser dietetyczny Dash

Krem miętowy

Czas przygotowania: 2 godziny i 4 minuty

Czas gotowania: 0 minut
Porcje: 4

Składniki:
- 4 szklanki beztłuszczowego jogurtu
- 1 szklanka kremu kokosowego
- 3 łyżki stewii
- 2 łyżeczki startej skórki z limonki
- 1 łyżka posiekanej mięty

Wskazówki:
1. W blenderze połącz śmietanę z jogurtem i pozostałymi składnikami, dobrze pulsuj, rozlej do filiżanek i wstaw do lodówki na 2 godziny przed podaniem.

Odżywianie: kalorie 512, tłuszcz 14,3, błonnik 1,5, węglowodany 83,6, białko 12,1

budyń malinowy

Czas przygotowania: 10 minut
Czas gotowania: 24 minuty
Porcje: 4

Składniki:
- 1 szklanka malin
- 2 łyżeczki cukru kokosowego
- 3 jajka, roztrzepane
- 1 łyżka oleju z awokado
- ½ szklanki mleka migdałowego
- ½ szklanki mąki kokosowej
- ¼ szklanki beztłuszczowego jogurtu

Wskazówki:
1. W misce połącz maliny z cukrem i pozostałymi składnikami oprócz sprayu do gotowania i dobrze wymieszaj.
2. Nasmaruj formę do puddingu sprayem do gotowania, dodaj mieszankę malin, rozsmaruj, piecz w piekarniku w temperaturze 400 stopni F przez 24 minuty, rozłóż na talerzach deserowych i podawaj.

Odżywianie: kalorie 215, tłuszcz 11,3, błonnik 3,4, węglowodany 21,3, białko 6,7

Batony Migdałowe

Czas przygotowania: 10 minut
Czas gotowania: 30 minut
Porcje: 4

Składniki:
- 1 szklanka migdałów, pokruszonych
- 2 jajka, roztrzepane
- ½ szklanki mleka migdałowego
- 1 łyżeczka ekstraktu waniliowego
- 2/3 szklanki cukru kokosowego
- 2 szklanki pełnoziarnistej mąki
- 1 łyżeczka proszku do pieczenia
- Spray do gotowania

Wskazówki:
1. W misce połącz migdały z jajkami i innymi składnikami oprócz sprayu do gotowania i dobrze wymieszaj.
2. Wlej to do kwadratowej formy wysmarowanej sprayem do gotowania, dobrze rozsmaruj, piecz w piekarniku przez 30 minut, ostudź, pokrój w batony i podawaj.

Odżywianie: kalorie 463, tłuszcz 22,5, błonnik 11, węglowodany 54,4, białko 16,9

Mieszanka Pieczonych Brzoskwiń

Czas przygotowania: 10 minut
Czas gotowania: 30 minut
Porcje: 4

Składniki:
- 4 brzoskwinie, usunięte pestki i przekrojone na pół
- 1 łyżka cukru kokosowego
- 1 łyżeczka ekstraktu waniliowego
- ¼ łyżeczki cynamonu w proszku
- 1 łyżka oleju z awokado

Wskazówki:
1. W naczyniu do pieczenia połącz brzoskwinie z cukrem i pozostałymi składnikami, piecz w temperaturze 375 stopni F przez 30 minut, ostudź i podawaj.

Odżywianie: kalorie 91, tłuszcz 0,8, błonnik 2,5, węglowodany 19,2, białko 1,7

Ciasto Orzechowe

Czas przygotowania: 10 minut
Czas gotowania: 25 minut
Porcje: 8

Składniki:
- 3 szklanki mąki migdałowej
- 1 szklanka cukru kokosowego
- 1 łyżka ekstraktu waniliowego
- ½ szklanki orzechów włoskich, posiekanych
- 2 łyżeczki sody oczyszczonej
- 2 szklanki mleka kokosowego
- ½ szklanki oleju kokosowego, roztopionego

Wskazówki:
1. W misce połącz mąkę migdałową z cukrem i pozostałymi składnikami, dobrze wymieszaj, wlej do tortownicy, rozsmaruj, włóż do piekarnika nagrzanego do 370 stopni F, piecz przez 25 minut.
2. Pozostaw ciasto do ostygnięcia, pokrój i podawaj.

Odżywianie: kalorie 445, tłuszcz 10, błonnik 6,5, węglowodany 31,4, białko 23,5

Ciasto jabłkowe

Czas przygotowania: 10 minut
Czas gotowania: 30 minut
Porcje: 4

Składniki:

- 2 szklanki mąki migdałowej
- 1 łyżeczka sody oczyszczonej
- 1 łyżeczka proszku do pieczenia
- ½ łyżeczki cynamonu w proszku
- 2 łyżki cukru kokosowego
- 1 szklanka mleka migdałowego
- 2 zielone jabłka, pozbawione gniazd nasiennych, obrane i posiekane
- Spray do gotowania

Wskazówki:

1. W misce połącz mąkę z sodą oczyszczoną, jabłkami i innymi składnikami oprócz sprayu do gotowania i dobrze wymieszaj.
2. Wlej to do tortownicy wysmarowanej sprayem do gotowania, dobrze rozsmaruj, włóż do piekarnika i piecz w temperaturze 360 stopni F przez 30 minut.
3. Ostudź ciasto, pokrój i podawaj.

Odżywianie: kalorie 332, tłuszcz 22,4, błonnik 9l,6, węglowodany 22,2, białko 12,3

Krem Cynamonowy

Czas przygotowania: 2 godziny
Czas gotowania: 10 minut
Porcje: 4

Składniki:
- 1 szklanka beztłuszczowego mleka migdałowego
- 1 szklanka kremu kokosowego
- 2 szklanki cukru kokosowego
- 2 łyżki cynamonu w proszku
- 1 łyżeczka ekstraktu waniliowego

Wskazówki:
1. Rozgrzać patelnię z mlekiem migdałowym na średnim ogniu, dodać pozostałe składniki, wymieszać i gotować jeszcze 10 minut.
2. Rozłóż mieszankę do miseczek, ostudź i wstaw do lodówki na 2 godziny przed podaniem.

Odżywianie: kalorie 254, tłuszcz 7,5, błonnik 5, węglowodany 16,4, białko 9,5

Kremowa Mieszanka Truskawek

Czas przygotowania: 10 minut
Czas gotowania: 0 minut
Porcje: 4

Składniki:
- 1 łyżeczka ekstraktu waniliowego
- 2 szklanki truskawek, posiekanych
- 1 łyżeczka cukru kokosowego
- 8 uncji beztłuszczowego jogurtu

Wskazówki:
1. W misce połącz truskawki z wanilią i pozostałymi składnikami, wymieszaj i podawaj na zimno.

Odżywianie: kalorie 343, tłuszcz 13,4, błonnik 6, węglowodany 15,43, białko 5,5

Brownie z orzechami i wanilią

Czas przygotowania: 10 minut
Czas gotowania: 25 minut
Porcje: 8

Składniki:
- 1 szklanka orzechów pekan, posiekanych
- 3 łyżki cukru kokosowego
- 2 łyżki kakao w proszku
- 3 jajka, roztrzepane
- ¼ szklanki oleju kokosowego, roztopionego
- ½ łyżeczki proszku do pieczenia
- 2 łyżeczki ekstraktu waniliowego
- Spray do gotowania

Wskazówki:
1. W robocie kuchennym połącz orzechy pekan z cukrem kokosowym i innymi składnikami oprócz sprayu do gotowania i dobrze pulsuj.
2. Nasmaruj kwadratową formę sprayem do gotowania, dodaj mieszankę brownies, rozsmaruj, włóż do piekarnika, piecz w temperaturze 350 stopni F przez 25 minut, odstaw do ostygnięcia, pokrój i podawaj.

Odżywianie: kalorie 370, tłuszcz 14,3, błonnik 3, węglowodany 14,4, białko 5,6

Ciasto Truskawkowe

Czas przygotowania: 10 minut
Czas gotowania: 25 minut
Porcje: 6

Składniki:
- 2 szklanki mąki pełnoziarnistej
- 1 szklanka truskawek, posiekanych
- ½ łyżeczki sody oczyszczonej
- ½ szklanki cukru kokosowego
- ¾ szklanki mleka kokosowego
- ¼ szklanki oleju kokosowego, roztopionego
- 2 jajka, roztrzepane
- 1 łyżeczka ekstraktu waniliowego
- Spray do gotowania

Wskazówki:
1. W misce połącz mąkę z truskawkami i innymi składnikami oprócz sprayu cokingowego i dobrze wymieszaj.
2. Nasmaruj formę do ciasta sprayem do gotowania, wlej ciasto, rozsmaruj, piecz w piekarniku w temperaturze 350 stopni F przez 25 minut, ostudź, pokrój i podawaj.

Odżywianie: kalorie 465, tłuszcz 22,1, błonnik 4, węglowodany 18,3, białko 13,4

budyń kakaowy

Czas przygotowania: 10 minut
Czas gotowania: 10 minut
Porcje: 4

Składniki:
- 2 łyżki cukru kokosowego
- 3 łyżki mąki kokosowej
- 2 łyżki kakao w proszku
- 2 szklanki mleka migdałowego
- 2 jajka, roztrzepane
- ½ łyżeczki ekstraktu waniliowego

Wskazówki:
1. Do rondelka wlej mleko, dodaj kakao i pozostałe składniki, wymieszaj, gotuj na średnim ogniu przez 10 minut, przelej do małych filiżanek i podawaj na zimno.

Odżywianie: kalorie 385, tłuszcz 31,7, błonnik 5,7, węglowodany 21,6, białko 7,3

Krem waniliowy z gałką muszkatołową

Czas przygotowania: 10 minut
Czas gotowania: 0 minut
Porcje: 6

Składniki:
- 3 szklanki odtłuszczonego mleka
- 1 łyżeczka gałki muszkatołowej, mielonej
- 2 łyżeczki ekstraktu waniliowego
- 4 łyżeczki cukru kokosowego
- 1 szklanka orzechów włoskich, posiekanych

Wskazówki:
1. W misce połącz mleko z gałką muszkatołową i pozostałymi składnikami, dobrze wymieszaj, rozlej do małych filiżanek i podawaj na zimno.

Odżywianie: kalorie 243, tłuszcz 12,4, błonnik 1,5, węglowodany 21,1, białko 9,7

Krem z awokado

Czas przygotowania: 1 godzina i 10 minut

Czas gotowania: 0 minut
Porcje: 4

Składniki:
- 2 szklanki kremu kokosowego
- 2 awokado, obrane, pozbawione pestek i rozgniecione
- 2 łyżki cukru kokosowego
- 1 łyżeczka ekstraktu waniliowego

Wskazówki:
1. W blenderze połącz śmietankę z awokado i pozostałymi składnikami, dobrze pulsuj, rozlej do filiżanek i wstaw do lodówki na 1 godzinę przed podaniem.

Odżywianie: kalorie 532, tłuszcz 48,2, błonnik 9,4, węglowodany 24,9, białko 5,2

Krem malinowy

Czas przygotowania: 10 minut
Czas gotowania: 25 minut
Porcje: 4

Składniki:
- 2 łyżki mąki migdałowej
- 1 szklanka kremu kokosowego
- 3 szklanki malin
- 1 szklanka cukru kokosowego
- 8 uncji niskotłuszczowego sera śmietankowego

Wskazówki:
1. W misce wymieszaj mąkę ze śmietaną i pozostałymi składnikami, przełóż do okrągłej patelni, gotuj w temperaturze 360 stopni F przez 25 minut, rozłóż do miseczek i podawaj.

Odżywianie: kalorie 429, tłuszcz 36,3, błonnik 7,7, węglowodany 21,3, białko 7,8

Sałatka z arbuza

Czas przygotowania: 4 minuty
Czas gotowania: 0 minut
Porcje: 4

Składniki:
- 1 szklanka arbuza, obranego i pokrojonego w kostkę
- 2 jabłka, bez gniazd nasiennych i pokrojone w kostkę
- 1 łyżka śmietanki kokosowej
- 2 banany, pokrojone na kawałki

Wskazówki:
1. W misce połącz arbuza z jabłkami i pozostałymi składnikami, wymieszaj i podawaj.

Odżywianie: kalorie 131, tłuszcz 1,3, błonnik 4,5, węglowodany 31,9, białko 1,3

Mieszanka gruszek kokosowych

Czas przygotowania: 10 minut
Czas gotowania: 10 minut
Porcje: 4

Składniki:
- 2 łyżeczki soku z limonki
- ½ szklanki śmietanki kokosowej
- ½ szklanki kokosa, posiekanego
- 4 gruszki, bez gniazd nasiennych i pokrojone w kostkę
- 4 łyżki cukru kokosowego

Wskazówki:
1. Na patelni połączyć gruszki z sokiem z limonki i pozostałymi składnikami, wymieszać, doprowadzić do wrzenia na średnim ogniu i gotować przez 10 minut.
2. Rozłóż do miseczek i podawaj na zimno.

Odżywianie: kalorie 320, tłuszcz 7,8, błonnik 3, węglowodany 6,4, białko 4,7

Kompot Jabłkowy

Czas przygotowania: 10 minut
Czas gotowania: 15 minut
Porcje: 4

Składniki:
- 5 łyżek cukru kokosowego
- 2 szklanki soku pomarańczowego
- 4 jabłka, bez gniazd nasiennych i pokrojone w kostkę

Wskazówki:
1. W garnku połączyć jabłka z cukrem i sokiem pomarańczowym, wymieszać, doprowadzić do wrzenia na średnim ogniu, gotować 15 minut, rozłożyć do miseczek i podawać na zimno.

Odżywianie: kalorie 220, tłuszcz 5,2, błonnik 3, węglowodany 5,6, białko 5,6

Morele Gulasz

Czas przygotowania: 10 minut
Czas gotowania: 15 minut
Porcje: 4

Składniki:
- 2 szklanki moreli, przekrojonych na pół
- 2 szklanki wody
- 2 łyżki cukru kokosowego
- 2 łyżki soku z cytryny

Wskazówki:
1. W garnku połączyć morele z wodą i pozostałymi składnikami, wymieszać, gotować na średnim ogniu przez 15 minut, rozłożyć do miseczek i podawać.

Odżywianie: kalorie 260, tłuszcz 6,2, błonnik 4,2, węglowodany 5,6, białko 6

Cytrynowa mieszanka kantalupa

Czas przygotowania: 10 minut
Czas gotowania: 10 minut
Porcje: 4

Składniki:
- 2 szklanki kantalupa, obrane i pokrojone w grubszą kostkę
- 4 łyżki cukru kokosowego
- 2 łyżeczki ekstraktu waniliowego
- 2 łyżeczki soku z cytryny

Wskazówki:
1. Na małej patelni połącz kantalupę z cukrem i pozostałymi składnikami, wymieszaj, podgrzej na średnim ogniu, gotuj przez około 10 minut, rozłóż do miseczek i podawaj na zimno.

Odżywianie: kalorie 140, tłuszcz 4, błonnik 3,4, węglowodany 6,7, białko 5

Kremowy Krem Rabarbarowy

Czas przygotowania: 10 minut
Czas gotowania: 14 minut
Porcje: 4

Składniki:
- 1/3 szklanki niskotłuszczowego sera śmietankowego
- ½ szklanki śmietanki kokosowej
- 2 funty rabarbaru, grubo posiekanego
- 3 łyżki cukru kokosowego

Wskazówki:
1. W blenderze połącz ser śmietankowy ze śmietaną i innymi składnikami i dobrze pulsuj.
2. Rozłóż do małych filiżanek, włóż do piekarnika i piecz w temperaturze 350 stopni F przez 14 minut.
3. Podawać na zimno.

Odżywianie: kalorie 360, tłuszcz 14,3, błonnik 4,4, węglowodany 5,8, białko 5,2

Miski Ananasowe

Czas przygotowania: 10 minut
Czas gotowania: 0 minut
Porcje: 4

Składniki:
- 3 szklanki ananasa, obranego i pokrojonego w kostkę
- 1 łyżeczka nasion chia
- 1 szklanka kremu kokosowego
- 1 łyżeczka ekstraktu waniliowego
- 1 łyżka posiekanej mięty

Wskazówki:
1. W misce połącz ananasa ze śmietaną i pozostałymi składnikami, wymieszaj, podziel na mniejsze miseczki i wstaw do lodówki na 10 minut przed podaniem.

Odżywianie: kalorie 238, tłuszcz 16,6, błonnik 5,6, węglowodany 22,8, białko 3,3

Gulasz Jagodowy

Czas przygotowania: 10 minut
Czas gotowania: 10 minut
Porcje: 4

Składniki:
- 2 łyżki soku z cytryny
- 1 szklanka wody
- 3 łyżki cukru kokosowego
- 12 uncji jagód

Wskazówki:
1. Na patelni połączyć jagody z cukrem i pozostałymi składnikami, doprowadzić do lekkiego wrzenia i gotować na średnim ogniu przez 10 minut.
2. Rozłóż do miseczek i podawaj.

Odżywianie: kalorie 122, tłuszcz 0,4, błonnik 2,1, węglowodany 26,7, białko 1,5

Budyń Limonkowy

Czas przygotowania: 10 minut
Czas gotowania: 15 minut
Porcje: 4

Składniki:
- 2 szklanki kremu kokosowego
- Sok z 1 limonki
- Skórka z 1 limonki, starta
- 3 łyżki oleju kokosowego, roztopionego
- 1 jajko, roztrzepane
- 1 łyżeczka proszku do pieczenia

Wskazówki:
1. W misce połącz śmietanę z sokiem z limonki i pozostałymi składnikami i dobrze wymieszaj.
2. Podzielić na małe kokilki, wstawić do piekarnika i piec w temperaturze 360 stopni F przez 15 minut.
3. Pudding podawaj na zimno.

Odżywianie: kalorie 385, tłuszcz 39,9, błonnik 2,7, węglowodany 8,2, białko 4,2

Krem Brzoskwiniowy

Czas przygotowania: 10 minut
Czas gotowania: 0 minut
Porcje: 4

Składniki:

- 3 szklanki kremu kokosowego
- 2 brzoskwinie, usunąć pestki i posiekać
- 1 łyżeczka ekstraktu waniliowego
- ½ szklanki migdałów, posiekanych

Wskazówki:

1. W blenderze połącz śmietanę i pozostałe składniki, dobrze pulsuj, podziel na małe miseczki i podawaj na zimno.

Odżywianie: kalorie 261, tłuszcz 13, błonnik 5,6, węglowodany 7, białko 5,4

Mieszanka Śliwek Cynamonowych

Czas przygotowania: 10 minut
Czas gotowania: 15 minut
Porcje: 4

Składniki:
- 1 funt śliwek, usuniętych pestek i przekrojonych na pół
- 2 łyżki cukru kokosowego
- ½ łyżeczki cynamonu w proszku
- 1 szklanka wody

Wskazówki:
1. Na patelni połączyć śliwki z cukrem i pozostałymi składnikami, doprowadzić do wrzenia i gotować na średnim ogniu przez 15 minut.
2. Rozłóż do miseczek i podawaj na zimno.

Odżywianie: kalorie 142, tłuszcz 4, błonnik 2,4, węglowodany 14, białko 7

Jabłka Chia i Wanilia

Czas przygotowania: 10 minut
Czas gotowania: 10 minut
Porcje: 4

Składniki:
- 2 szklanki jabłek, pozbawionych gniazd nasiennych i pokrojonych w kliny
- 2 łyżki nasion chia
- 1 łyżeczka ekstraktu waniliowego
- 2 szklanki naturalnie niesłodzonego soku jabłkowego

Wskazówki:
1. W małym garnuszku połączyć jabłka z nasionami chia i pozostałymi składnikami, wymieszać, gotować na średnim ogniu przez 10 minut, rozłożyć do miseczek i podawać na zimno.

Odżywianie: kalorie 172, tłuszcz 5,6, błonnik 3,5, węglowodany 10, białko 4,4

Pudding z ryżu i gruszek

Czas przygotowania: 10 minut
Czas gotowania: 25 minut
Porcje: 4

Składniki:
- 6 szklanek wody
- 1 szklanka cukru kokosowego
- 2 szklanki czarnego ryżu
- 2 gruszki, bez gniazd nasiennych i pokrojone w kostkę
- 2 łyżeczki cynamonu w proszku

Wskazówki:
1. Wlej wodę do garnka, podgrzej na średnim ogniu, dodaj ryż, cukier i pozostałe składniki, wymieszaj, zagotuj, zmniejsz ogień do średniego i gotuj przez 25 minut.
2. Rozłóż do miseczek i podawaj na zimno.

Odżywianie: kalorie 290, tłuszcz 13,4, błonnik 4, węglowodany 13,20, białko 6,7

Gulasz Rabarbarowy

Czas przygotowania: 10 minut
Czas gotowania: 15 minut
Porcje: 4

Składniki:
- 2 szklanki rabarbaru, grubo posiekanego
- 3 łyżki cukru kokosowego
- 1 łyżeczka ekstraktu migdałowego
- 2 szklanki wody

Wskazówki:
1. W garnku połączyć rabarbar z pozostałymi składnikami, wymieszać, doprowadzić do wrzenia na średnim ogniu, gotować 15 minut, rozłożyć do miseczek i podawać na zimno.

Odżywianie: kalorie 142, tłuszcz 4,1, błonnik 4,2, węglowodany 7, białko 4

Krem rabarbarowy

Czas przygotowania: 1 godzina
Czas gotowania: 10 minut
Porcje: 4

Składniki:
- 2 szklanki kremu kokosowego
- 1 szklanka rabarbaru, posiekanego
- 3 jajka, roztrzepane
- 3 łyżki cukru kokosowego
- 1 łyżka soku z limonki

Wskazówki:
1. W małym rondelku połącz śmietanę z rabarbarem i pozostałymi składnikami, dobrze wymieszaj, gotuj na średnim ogniu przez 10 minut, zmiksuj za pomocą blendera zanurzeniowego, przełóż do miseczek i wstaw do lodówki na 1 godzinę przed podaniem.

Odżywianie: kalorie 230, tłuszcz 8,4, błonnik 2,4, węglowodany 7,8, białko 6

Sałatka Jagodowa

Czas przygotowania: 5 minut
Czas gotowania: 0 minut
Porcje: 4

Składniki:
- 2 szklanki jagód
- 3 łyżki mięty, posiekanej
- 1 gruszka, wydrążona i pokrojona w kostkę
- 1 jabłko, rdzeń i pokrojone w kostkę
- 1 łyżka cukru kokosowego

Wskazówki:
1. W misce wymieszaj jagody z miętą i pozostałymi składnikami, wymieszaj i podawaj na zimno.

Odżywianie: kalorie 150, tłuszcz 2,4, błonnik 4, węglowodany 6,8, białko 6

Daktyle i Krem Bananowy

Czas przygotowania: 5 minut
Czas gotowania: 0 minut
Porcje: 4

Składniki:
- 1 szklanka mleka migdałowego
- 1 banan, obrany i pokrojony w plasterki
- 1 łyżeczka ekstraktu waniliowego
- ½ szklanki śmietanki kokosowej
- daktyle, posiekane

Wskazówki:
1. W blenderze połącz daktyle z bananem i pozostałymi składnikami, dobrze pulsuj, podziel na małe filiżanki i podawaj na zimno.

Odżywianie: kalorie 271, tłuszcz 21,6, błonnik 3,8, węglowodany 21,2, białko 2,7

Muffiny śliwkowe

Czas przygotowania: 10 minut
Czas gotowania: 25 minut
Porcje: 12

Składniki:
- 3 łyżki oleju kokosowego, roztopionego
- ½ szklanki mleka migdałowego
- 4 jajka, roztrzepane
- 1 łyżeczka ekstraktu waniliowego
- 1 szklanka mąki migdałowej
- 2 łyżeczki cynamonu w proszku
- ½ łyżeczki proszku do pieczenia
- 1 szklanka śliwek, wypestkowanych i posiekanych

Wskazówki:
1. W misce połącz olej kokosowy z mlekiem migdałowym i pozostałymi składnikami i dobrze wymieszaj.
2. Przełożyć do formy na muffiny, wstawić do piekarnika nagrzanego do 350 stopni F i piec przez 25 minut.
3. Muffinki podawaj na zimno.

Odżywianie: kalorie 270, tłuszcz 3,4, błonnik 4,4, węglowodany 12, białko 5

Miski ze śliwkami i rodzynkami

Czas przygotowania: 10 minut
Czas gotowania: 20 minut
Porcje: 4

Składniki:

- ½ funta śliwek, bez pestek i przekrojonych na pół
- 2 łyżki cukru kokosowego
- 4 łyżki rodzynek
- 1 łyżeczka ekstraktu waniliowego
- 1 szklanka kremu kokosowego

Wskazówki:

1. Na patelni połączyć śliwki z cukrem i pozostałymi składnikami, doprowadzić do wrzenia i gotować na średnim ogniu przez 20 minut.
2. Rozłóż do miseczek i podawaj.

Odżywianie: kalorie 219, tłuszcz 14,4, błonnik 1,8, węglowodany 21,1, białko 2,2

Batony z nasionami słonecznika

Czas przygotowania: 10 minut
Czas gotowania: 20 minut
Porcje: 6

Składniki:
- 1 szklanka mąki kokosowej
- ½ łyżeczki sody oczyszczonej
- 1 łyżka siemienia lnianego
- 3 łyżki mleka migdałowego
- 1 szklanka nasion słonecznika
- 2 łyżki oleju kokosowego, roztopionego
- 1 łyżeczka ekstraktu waniliowego

Wskazówki:
1. W misce wymieszaj mąkę z sodą oczyszczoną i pozostałymi składnikami, dobrze wymieszaj, rozłóż na blasze do pieczenia, dobrze dociśnij, piecz w piekarniku w temperaturze 350 stopni F przez 20 minut, odstaw do ostygnięcia, pokrój w batony i podawaj.

Odżywianie: kalorie 189, tłuszcz 12,6, błonnik 9,2, węglowodany 15,7, białko 4,7

Miseczki z jeżynami i orzechami nerkowca

Czas przygotowania: 10 minut
Czas gotowania: 0 minut
Porcje: 4
Składniki:

- 1 szklanka orzechów nerkowca
- 2 szklanki jeżyn
- ¾ szklanki śmietanki kokosowej
- 1 łyżeczka ekstraktu waniliowego
- 1 łyżka cukru kokosowego

Wskazówki:

1. W misce połącz orzechy nerkowca z jagodami i pozostałymi składnikami, wymieszaj, podziel na małe miseczki i podawaj.

Odżywianie: kalorie 230, tłuszcz 4, błonnik 3,4, węglowodany 12,3, białko 8

Miseczki z pomarańczy i mandarynek

Czas przygotowania: 4 minuty
Czas gotowania: 8 minut
Porcje: 4

Składniki:
- 4 pomarańcze, obrane i pokrojone w cząstki
- 2 mandarynki, obrane i pokrojone na segmenty
- Sok z 1 limonki
- 2 łyżki cukru kokosowego
- 1 szklanka wody

Wskazówki:
1. Na patelni połącz pomarańcze z mandarynkami i pozostałymi składnikami, zagotuj i gotuj na średnim ogniu przez 8 minut.
2. Rozłóż do miseczek i podawaj na zimno.

Odżywianie: kalorie 170, tłuszcz 2,3, błonnik 2,3, węglowodany 11, białko 3,4

Krem dyniowy

Czas przygotowania: 2 godziny
Czas gotowania: 0 minut
Porcje: 4

Składniki:
- 2 szklanki kremu kokosowego
- 1 szklanka puree z dyni
- 14 uncji kremu kokosowego
- 3 łyżki cukru kokosowego

Wskazówki:
1. W misce połącz śmietanę z puree z dyni i pozostałymi składnikami, dobrze wymieszaj, przełóż do małych miseczek i wstaw do lodówki na 2 godziny przed podaniem.

Odżywianie: kalorie 350, tłuszcz 12,3, błonnik 3, węglowodany 11,7, białko 6

Mieszanka fig i rabarbaru

Czas przygotowania: 6 minut
Czas gotowania: 14 minut
Porcje: 4

Składniki:
- 2 łyżki oleju kokosowego, roztopionego
- 1 szklanka rabarbaru, grubo posiekanego
- 12 fig, przekrojonych na pół
- ¼ szklanki cukru kokosowego
- 1 szklanka wody

Wskazówki:
1. Rozgrzej patelnię z olejem na średnim ogniu, dodaj figi i resztę składników, wymieszaj, gotuj przez 14 minut, rozlej do małych filiżanek i podawaj na zimno.

Odżywianie: kalorie 213, tłuszcz 7,4, błonnik 6,1, węglowodany 39, białko 2,2

Pikantny Banan

Czas przygotowania: 4 minuty
Czas gotowania: 15 minut
Porcje: 4

Składniki:
- 4 banany, obrane i przekrojone na pół
- 1 łyżeczka gałki muszkatołowej, mielonej
- 1 łyżeczka cynamonu w proszku
- Sok z 1 limonki
- 4 łyżki cukru kokosowego

Wskazówki:
1. Ułóż banany na blasze do pieczenia, dodaj gałkę muszkatołową i pozostałe składniki, piecz w temperaturze 350 stopni F przez 15 minut.
2. Podziel upieczone banany na talerze i podawaj.

Odżywianie: kalorie 206, tłuszcz 0,6, błonnik 3,2, węglowodany 47,1, białko 2,4

Smoothie Kakaowe

Czas przygotowania: 5 minut
Czas gotowania: 0 minut
Porcje: 2

Składniki:

- 2 łyżeczki kakao w proszku
- 1 awokado, bez pestek, obrane i rozgniecione
- 1 szklanka mleka migdałowego
- 1 szklanka kremu kokosowego

Wskazówki:

1. W blenderze połącz mleko migdałowe ze śmietaną i innymi składnikami, dobrze pulsuj, rozlej do filiżanek i podawaj na zimno.

Odżywianie: kalorie 155, tłuszcz 12,3, błonnik 4, węglowodany 8,6, białko 5

Batony bananowe

Czas przygotowania: 30 minut
Czas gotowania: 0 minut
Porcje: 4
Składniki:

- 1 szklanka oleju kokosowego, stopionego
- 2 banany, obrane i pokrojone
- 1 awokado, obrane, pozbawione pestek i rozgniecione
- ½ szklanki cukru kokosowego
- ¼ szklanki soku z limonki
- 1 łyżeczka startej skórki z cytryny
- Spray do gotowania

Wskazówki:

1. W robocie kuchennym wymieszaj banany z olejem i innymi składnikami oprócz sprayu do gotowania i dobrze pulsuj.
2. Nasmaruj patelnię sprayem do gotowania, wlej i rozprowadź mieszankę bananową, rozsmaruj, przechowuj w lodówce przez 30 minut, pokrój w batony i podawaj.

Odżywianie: kalorie 639, tłuszcz 64,6, błonnik 4,9, węglowodany 20,5, białko 1,7

Batony z zieloną herbatą i daktylami

Czas przygotowania: 10 minut
Czas gotowania: 30 minut
Porcje: 8

Składniki:
- 2 łyżki zielonej herbaty w proszku
- 2 szklanki mleka kokosowego, podgrzane
- ½ szklanki oleju kokosowego, roztopionego
- 2 szklanki cukru kokosowego
- 4 jajka, roztrzepane
- 2 łyżeczki ekstraktu waniliowego
- 3 szklanki mąki migdałowej
- 1 łyżeczka sody oczyszczonej
- 2 łyżeczki proszku do pieczenia

Wskazówki:
1. W misce połącz mleko kokosowe z zieloną herbatą w proszku i resztą składników, dobrze wymieszaj, wlej do kwadratowej formy, rozsmaruj, włóż do piekarnika, piecz w temperaturze 350 stopni F przez 30 minut, ostudź, pokrój w batony i podawaj.

Odżywianie: kalorie 560, tłuszcz 22,3, błonnik 4, węglowodany 12,8, białko 22,1

krem orzechowy

Czas przygotowania: 2 godziny
Czas gotowania: 0 minut
Porcje: 4

Składniki:
- 2 szklanki mleka migdałowego
- ½ szklanki śmietanki kokosowej
- ½ szklanki orzechów włoskich, posiekanych
- 3 łyżki cukru kokosowego
- 1 łyżeczka ekstraktu waniliowego

Wskazówki:
1. W misce połącz mleko migdałowe ze śmietaną i pozostałymi składnikami, dobrze wymieszaj, rozlej do filiżanek i wstaw do lodówki na 2 godziny przed podaniem.

Odżywianie: kalorie 170, tłuszcz 12,4, błonnik 3, węglowodany 12,8, białko 4

ciasto cytrynowe

Czas przygotowania: 10 minut
Czas gotowania: 35 minut
Porcje: 6

Składniki:
- 2 szklanki mąki pełnoziarnistej
- 1 łyżeczka proszku do pieczenia
- 2 łyżki oleju kokosowego, roztopionego
- 1 jajko, roztrzepane
- 3 łyżki cukru kokosowego
- 1 szklanka mleka migdałowego
- Skórka otarta z 1 cytryny
- Sok z 1 cytryny

Wskazówki:
1. W misce połącz mąkę z olejem i pozostałymi składnikami, dobrze wymieszaj, przełóż do tortownicy i piecz w temperaturze 360 stopni F przez 35 minut.
2. Kroić i podawać na zimno.

Odżywianie: kalorie 222, tłuszcz 12,5, błonnik 6,2, węglowodany 7, białko 17,4

batoniki z rodzynkami

Czas przygotowania: 10 minut
Czas gotowania: 25 minut
Porcje: 6

Składniki:
- 1 łyżeczka cynamonu w proszku
- 2 szklanki mąki migdałowej
- 1 łyżeczka proszku do pieczenia
- ½ łyżeczki gałki muszkatołowej, mielonej
- 1 szklanka oleju kokosowego, stopionego
- 1 szklanka cukru kokosowego
- 1 jajko, roztrzepane
- 1 szklanka rodzynek

Wskazówki:
1. W misce wymieszaj mąkę z cynamonem i pozostałymi składnikami, dobrze wymieszaj, rozłóż na wyłożonej papierem blasze, włóż do piekarnika, piecz w temperaturze 380 stopni F przez 25 minut, pokrój w batoniki i podawaj na zimno.

Odżywianie: kalorie 274, tłuszcz 12, błonnik 5,2, węglowodany 14,5, białko 7

Kwadraty Nektarynek

Czas przygotowania: 10 minut
Czas gotowania: 20 minut
Porcje: 4

Składniki:

- 3 nektarynki, bez pestek i posiekane
- 1 łyżka cukru kokosowego
- ½ łyżeczki sody oczyszczonej
- 1 szklanka mąki migdałowej
- 4 łyżki oleju kokosowego, roztopionego
- 2 łyżki kakao w proszku

Wskazówki:

1. W blenderze połącz nektarynki z cukrem i resztą składników, dobrze pulsuj, wlej do kwadratowej formy wyłożonej papierem, rozsmaruj, piecz w piekarniku w temperaturze 375 stopni F przez 20 minut, odstaw, aby trochę ostygło, pokrój w kwadraty i podawaj.

Odżywianie: kalorie 342, tłuszcz 14,4, błonnik 7,6, węglowodany 12, białko 7,7

Gulasz Winogronowy

Czas przygotowania: 10 minut
Czas gotowania: 20 minut
Porcje: 4

Składniki:
- 1 szklanka zielonych winogron
- Sok z ½ limonki
- 2 łyżki cukru kokosowego
- 1 i ½ szklanki wody
- 2 łyżeczki kardamonu w proszku

Wskazówki:
1. Rozgrzać patelnię z wodą na średnim ogniu, dodać winogrona i pozostałe składniki, doprowadzić do wrzenia, gotować 20 minut, rozłożyć do miseczek i podawać.

Odżywianie: kalorie 384, tłuszcz 12,5, błonnik 6,3, węglowodany 13,8, białko 5,6

Krem z mandarynek i śliwek

Czas przygotowania: 10 minut
Czas gotowania: 20 minut
Porcje: 4

Składniki:
- 1 mandarynka, obrana i posiekana
- ½ funta śliwek, wypestkowanych i posiekanych
- 1 szklanka kremu kokosowego
- Sok z 2 mandarynek
- 2 łyżki cukru kokosowego

Wskazówki:
1. W blenderze połącz mandarynkę ze śliwkami i pozostałymi składnikami, dobrze pulsuj, podziel na małe kokilki, włóż do piekarnika, piecz w temperaturze 350 stopni F przez 20 minut i podawaj na zimno.

Odżywianie: kalorie 402, tłuszcz 18,2, błonnik 2, węglowodany 22,2, białko 4,5

Krem wiśniowo-truskawkowy

Czas przygotowania: 10 minut
Czas gotowania: 0 minut
Porcje: 6

Składniki:
- 1 funt wiśni, bez pestek
- 1 szklanka truskawek, posiekanych
- ¼ szklanki cukru kokosowego
- 2 szklanki kremu kokosowego

Wskazówki:
1. W blenderze połącz wiśnie z pozostałymi składnikami, dobrze pulsuj, rozłóż do miseczek i podawaj na zimno.

Odżywianie: kalorie 342, tłuszcz 22,1, błonnik 5,6, węglowodany 8,4, białko 6,5

Orzechy kardamonowe i pudding ryżowy

Czas przygotowania: 5 minut
Czas gotowania: 40 minut
Porcje: 4

Składniki:
- 1 szklanka ryżu basmati
- 3 szklanki mleka migdałowego
- 3 łyżki cukru kokosowego
- ½ łyżeczki kardamonu w proszku
- ¼ szklanki orzechów włoskich, posiekanych

Wskazówki:
1. Na patelni wymieszaj ryż z mlekiem i pozostałymi składnikami, wymieszaj, gotuj przez 40 minut na średnim ogniu, rozłóż do miseczek i podawaj na zimno.

Odżywianie: kalorie 703, tłuszcz 47,9, błonnik 5,2, węglowodany 62,1, białko 10,1

Chleb Gruszkowy

Czas przygotowania: 10 minut
Czas gotowania: 30 minut
Porcje: 4

Składniki:
- 2 szklanki gruszek, bez gniazd nasiennych i pokrojonych w kostkę
- 1 szklanka cukru kokosowego
- 2 jajka, roztrzepane
- 2 szklanki mąki migdałowej
- 1 łyżka proszku do pieczenia
- 1 łyżka oleju kokosowego, roztopionego

Wskazówki:
1. W misce wymieszaj gruszki z cukrem i pozostałymi składnikami, wymieszaj, wlej do keksówki, włóż do piekarnika i piecz w temperaturze 350 stopni F przez 30 minut.
2. Kroić i podawać na zimno.

Odżywianie: kalorie 380, tłuszcz 16,7, błonnik 5, węglowodany 17,5, białko 5,6

Pudding z ryżu i wiśni

Czas przygotowania: 10 minut
Czas gotowania: 25 minut
Porcje: 4

Składniki:
- 1 łyżka oleju kokosowego, roztopionego
- 1 szklanka białego ryżu
- 3 szklanki mleka migdałowego
- ½ szklanki wiśni, wypestkowanych i przekrojonych na pół
- 3 łyżki cukru kokosowego
- 1 łyżeczka cynamonu w proszku
- 1 łyżeczka ekstraktu waniliowego

Wskazówki:
1. Na patelni połączyć olej z ryżem i pozostałymi składnikami, wymieszać, doprowadzić do wrzenia, gotować przez 25 minut na średnim ogniu, rozłożyć do miseczek i podawać na zimno.

Odżywianie: kalorie 292, tłuszcz 12,4, błonnik 5,6, węglowodany 8, białko 7

www.ingramcontent.com/pod-product-compliance
Lightning Source LLC
Chambersburg PA
CBHW070359120526
44590CB00014B/1187